em defesa da Graça

Lee Strobel

em defesa da Graça

Um jornalista investiga
evidências persuasivas de
vidas transformadas

Vida

Vida

EDITORA VIDA
Rua Conde de Sarzedas, 246 – Liberdade
CEP 01512-070 – São Paulo, SP
Tel.: 0 xx 11 2618 7000
atendimento@editoravida.com.br
www.editoravida.com.br

© 2014, Lee Strobel
Originalmente publicado nos EUA com o título *The Case for Grace*.
Copyright da edição brasileira © 2016, Editora Vida.
Edição publicada com permissão contratual de The Zondervan Corporation L.L.C., uma divisão de Harper Collins Christian Publishing, Inc.
(501 Nelson Place, Nashville, Tennessee, EUA)

∎

Todos os direitos desta tradução em língua portuguesa reservados por Editora Vida.

PROIBIDA A REPRODUÇÃO POR QUAISQUER MEIOS, SALVO EM BREVES CITAÇÕES, COM INDICAÇÃO DA FONTE.

∎

Editor responsável: Marcelo Smargiasse
Editor assistente: Gisele Romão da Cruz Santiago
Tradução: Carlos Ribeiro Caldas
Revisão de tradução: Andrea Filatro
Revisão de provas: Josemar de Souza Pinto
Projeto gráfico e diagramação: Claudia Fatel Lino
Capa: Arte Peniel

Scripture quotations taken from *Bíblia Sagrada, Nova Versão Internacional, NVI* ®.
Copyright © 1993, 2000 by International Bible Society ®. Used by permission IBS-STL U.S. All rights reserved worldwide.
Edição publicada por Editora Vida, salvo indicação em contrário.

Todas as citações bíblicas e de terceiros foram adaptadas segundo o Acordo Ortográfico da Língua Portuguesa, assinado em 1990, em vigor desde janeiro de 2009.

1. edição: fev. 2016
1ª reimp.: ago. 2017

Dados Internacionais de Catalogação na Publicação (CIP)
(Câmara Brasileira do Livro, SP, Brasil)

Strobel, Lee
   Em defesa da graça : um jornalista investiga evidências persuasivas de vidas transformadas / Lee Strobel ; [tradução Carlos Ribeiro Caldas]. -- 1. ed. -- São Paulo : Editora Vida, 2016.

   Título original: *The case for grace : a journalist explores the evidence of transformed lives*
   Bibliografia.
   ISBN: 978-85-383-0327-5

   1. Graça (Teologia) 2. Vida cristã I. Título.

15-11207   CDD-234

Índice para catálogo sistemático:
1. Graça : Vida cristã : Cristianismo   234

Para Abigail, Penelope,
Brighton e Oliver

Dons da graça de Deus

"Portanto, se alguém está em Cristo,
é nova criação. As coisas antigas já passaram;
eis que surgiram coisas novas!"

— 2Coríntios 5.17

Sumário

Prefácio..11
Prefácio à edição brasileira.........................15

Capítulo Um
   O erro..21
Capítulo Dois
   A órfã..27
Capítulo Três
   O viciado...52
Capítulo Quatro
   O professor.......................................72
Capítulo Cinco
   O carrasco..99
Capítulo Seis
   O sem-teto.......................................118
Capítulo Sete
   O pastor...136
Capítulo Oito
   O pródigo..158
Capítulo Nove
   Mãos vazias......................................180

Epílogo..189
Apêndice: O que a Bíblia diz sobre a graça...........195
Livros úteis sobre a graça...........................209
Conheça Lee Strobel..................................211
Agradecimentos.......................................213

Prefácio

> "A graça de Deus é a única base para uma vida nova e para a vitalidade espiritual."
>
> — Stanley Grenz[1]

Definir a graça pode ser tão simples quanto uma sentença afirmativa do tipo "Graça é o favor demonstrado por Deus aos pecadores".[2] Por essa definição, ela pode ser explanada em volumes e volumes de tratados teológicos, mas, em essência, é o dom imerecido e incondicional do amor de Deus que nunca podemos conquistar ou merecer.

A graça nos capacita a responder a Deus, nos torna parte de sua família e nos dá força para mudar. O teólogo Thomas C. Oden disse que a graça é necessária para "conhecer a verdade, evitar o pecado, agir bem, orar de maneira adequada, desejar a salvação, começar a ter fé e nela perseverar".[3] A graça, segundo ele, "é nada menos que a força motivadora da vida cristã".[4]

Definições são importantes, mas este não é um livro didático sobre a graça. Antes, é uma coletânea de relatos que ilustram o poder de Deus para revolucionar vidas humanas — um viciado sem-teto se torna pastor ordenado, um adúltero se transforma em conselheiro matrimonial, um rebelde inconsequente passa a ser um abnegado servo de Deus e alguém que matou multidões se converte em um santo perdoado.

"Nossos pecados passados são não apenas perdoados em Cristo", disse Charles Colson, "mas somos transformados para viver uma

---

[1] Oden, Thomas C. *The Transforming Power of Grace*. Nashville, TN: Abingdon Press, última capa.
[2] Ibid., p. 33.
[3] Ibid., p. 95.
[4] Ibid.

nova vida com o poder e a graça de Deus".[5] Philip Yancey declarou: "Nunca desceremos a um ponto tão baixo que a graça de Deus não nos possa alcançar. Ao mesmo tempo, ela não nos deixa lá. Ela nos eleva a novas altitudes".[6]

Este livro descreve uma jornada muito pessoal para mim, gerada por uma crise com o meu pai, a qual me lançou na busca de toda a minha vida para resolver o enigma da graça. No caminho, encontrei a evidência inegável da graça na vida de um órfão coreano, tremendo de frio debaixo da palha, na toca de uma raposa; em um adolescente viciado em Amarillo que não se importava se a próxima injeção o matasse; em um bandido sem-teto em Las Vegas que revirava latas de lixo à procura de pedaços de *pizza*; em um pastor humilhado na Carolina do Sul, desmascarado em sua hipocrisia gritante; no filho de um pregador famoso que vivia uma vida sem graça em Boston; e no cambojano que fugiu do Khmer Vermelho apenas para descobrir sua vida envolvida com a de um notório criminoso de guerra.

Cada história contribui com uma peça para o quebra-cabeça da graça, mostrando como a graça vai do perdão à aceitação e até mesmo à adoção por Deus; como restaura a esperança quando não há mais nenhuma fé; como alcança a mais hedionda das circunstâncias; e como nos permite perdoar aqueles que nos causaram as feridas mais profundas, e até a nós mesmos. Em outras palavras, a graça é tudo aquilo de que precisamos.

Assim como Cristo é único em todas as religiões mundiais, de igual maneira é a graça que ele oferece. Algumas vezes, para entender a graça, precisamos vê-la descrita, não apenas definida. Afinal de contas, a Bíblia é uma grande narrativa a respeito da graça; quando Jesus quis que seus seguidores sentissem plenamente o impacto

---

[5] As citações de Chuck Colson (1931-2012) são extraídas de <http://www.thepoachedegg.net/the-poached-egg/2012/04/quotes-from--chuck-colson-1931-2012.html>. Acesso em: 12 fev. 2014.

[6] YANCEY, Philip. "Grace". Disponível em: <http://philipyancey.com/q-and-a-topics/grace>. Acesso em: 11 fev. 2014.

emocional da graça, ele contou a parábola do filho pródigo. "Jesus falou muito sobre a graça, mas principalmente por meio de histórias", afirmou Yancey.[7]

Então, aqui há histórias para você, relatos verdadeiros de pessoas cuja transformação e renovação são tão radicais que só podem ser explicadas como obra de um Deus gracioso. Espero que, com estas histórias, você também encare a própria história como uma manifestação da graça.

---

[7] Yancey, Philip, "Grace", op. cit.

Prefácio à edição brasileira

Lee Strobel é um autor conhecido do público leitor evangélico brasileiro. Tem vários títulos publicados na área da apologética, isto é, a defesa racional da fé. Entre esses livros, incluem-se *Em defesa da fé* e *Em defesa de Cristo*, ambos publicados pela Editora Vida. São livros escritos de uma perspectiva racionalista, ou seja, utilizam-se argumentos lógicos e estudam-se evidências favoráveis e contrárias para chegar a uma conclusão, da mesma forma que um detetive procura solucionar um crime ou um júri toma uma decisão, contra ou a favor de um réu.

No entanto, aqui Lee Strobel nos surpreende, porque escreve mais um livro de sua "série" *Em defesa de*, porém de uma perspectiva completamente diferente. Agora ele escreve sobre a graça, um dos temas centrais da teologia bíblica e do depósito da fé cristã. Talvez seja o tema principal. Só que ele não apresenta um tratado teológico sobre a graça, explicando e analisando os fundamentos bíblicos por meio de uma análise exegética e hermenêutica dos textos que a mencionam. Nem expõe a fundamentação filosófica usada pelos teólogos que dissertaram sobre este tema. Tampouco disserta sobre como a graça tem sido considerada pelos pensadores cristãos ao longo de dois milênios de história do cristianismo.

Strobel fala sobre graça seguindo um modelo bíblico de grande poder pedagógico: ele conta narrativas! Histórias. É interessante observar que, cerca de trezentos anos antes de Cristo, o sábio grego Aristóteles se referiu ao teatro de maneira elogiosa e positiva, dizendo que as histórias apresentadas nas peças têm poder de catarse, isto é, de fazer os espectadores avaliarem a vida deles. O que Aristóteles disse sobre o teatro de certa forma se aplica à leitura das narrativas bíblicas. Pois, ao contrário do que se pensa, a Bíblia não contém tratados de doutrina ou de teologia sistemática. Doutrinas foram construídas, dos textos bíblicos, pelos pensadores cristãos. A Bíblia contém orações, poesias, lamentos, louvores e histórias. Muitas histórias. As histórias nos convidam a pensar em nossa própria vida de maneira mais efetiva que uma preleção sobre um tema filosófico ou teológico. Se tivermos olhos para ver, entenderemos que as histórias bíblicas são espelhos nos quais vemos a nós mesmos, com nossas virtudes e nossos fracassos. Mas sempre, em todos os casos, veremos em ação a graça de Deus.

Lee Strobel percebeu isso e nos brinda com histórias de vida nas quais a graça de Deus atuou de maneira surpreendente. Histórias muito diferentes umas das outras. Dois viciados em drogas, um filho de pastor que se desvia, um homem "certinho", um intelectual, um acadêmico que não tem nenhuma história terrível para contar, um pastor de igreja com um pastorado dinâmico e florescente que cai em uma das mais letais armadilhas para qualquer ministério. Duas histórias vindas do outro lado do mundo: a história de uma órfã coreana e a impressionante história de um criminoso de guerra do Camboja.

Em todos estes relatos de vida, está presente a percepção de que não salvamos a nós mesmos, mas somente a graça de Deus nos salva. Todos os casos apresentados mostram a descoberta na prática, não na teoria, de um dos lemas da Reforma Protestante do século XVI: *Sola gratia*. Somente a graça. Graça que não tem limite, graça que alcança desde a pessoa correta, honesta e cumpridora de seus deveres, que nunca se envolveu em nenhum escândalo, até aquelas que se envolveram com o que há de pior, de mais sórdido e detestável que o ser humano é capaz de fazer.

E não é só isso. Lee Strobel abre o coração e conta sua própria história de vida. Fala sobre seus dramas familiares e seu passado, com lances desagradáveis demais para serem lembrados. Mas o faz de maneira saudável, não de maneira emocionalmente doentia como infelizmente se vê em muitos "tristemunhos" tão comuns nas igrejas evangélicas brasileiras. Aliás, as histórias e os pecados que esses relatos apresentam são contados de maneira curadora, terapêutica, não exibicionista ou masoquista.

Ao ler as histórias de *Em defesa da graça*, você verá que aqueles que vivem nos Estados Unidos, na Coreia do Sul ou mesmo no Camboja, país a respeito do qual quase não ouvimos falar, são pessoas como eu e você, são gente como a gente, são filhos de Adão e filhas de Eva como nós somos. Enfrentam os mesmos problemas que nós enfrentamos. Se não nós mesmos, nossos parentes ou amigos queridos. Decerto, você se identificará com as histórias deste livro. Porque, permita-me repetir, este livro não é um tratado acadêmico. É um escrito com respeito e a respeito da vida. Trata de carne e sangue, não apenas de ideias ou conceitos.

Portanto, não se espante se perceber que, ao ler estas páginas, lágrimas rolam pelo seu rosto. Sua esperança certamente será renovada. Pois sou capaz de apostar que você conhece alguém que está em uma confusão de vida tão grande que você acha que para ela não há mais esperança. Muitas pessoas citadas nas histórias de *Em defesa da graça* também pareciam completamente sem esperança. Mas, de maneira absolutamente surpreendente, a graça de Deus atuou, a esperança renasceu, a vida venceu a morte, comprovando e confirmando a palavra bíblica que afirma: "[...] onde aumentou o pecado, transbordou a graça" (Romanos 5.20).

A graça de Deus é assim: ilógica, escandalosa, extravagante, pródiga, surpreendente. Graças a Deus pela graça!

Prof. dr. CARLOS CALDAS
Bolsista do PNPD-CAPES na
Faculdade Jesuíta de Filosofia e Teologia
(Belo Horizonte, MG)

Introdução
A busca pela graça

> "Deus espera ser buscado. É uma pena que, no caso de muitos de nós, ele espere tempo demais em vão."
>
> — A. W. Tozer[1]

Ele estava recostado em sua poltrona de couro na sala com painéis de madeira, e seus olhos se alternavam entre o meu rosto e o aparelho de televisão, como se ele não se dignasse a dedicar toda a atenção à nossa conversa. Em rajadas em estilo *staccato*, ele me daria lições de moral, me xingaria e gritaria, mas seus olhos nunca encontrariam os meus.

Isso aconteceu na noite anterior à minha formatura, e o meu pai descobriu que eu mentira para ele — justo agora!

Finalmente ele movimentou a poltrona para a frente e se levantou para me olhar fixamente, com os olhos fundos por trás dos óculos. Ele levantou a mão esquerda, acenando com o dedo mínimo como uma forma de escárnio, e pronunciou, palavra por palavra: — Não tenho um pingo de amor por você.

Fez uma pausa enquanto as palavras ardiam lentamente. Ele provavelmente esperava que eu revidasse, me defendesse, choramingasse, pedisse desculpas ou desistisse — que reagisse de alguma maneira. Mas tudo o que pude fazer foi olhar fixamente para ele, com o meu rosto queimando. Então, depois de alguns momentos tensos, ele

---

[1] Tozer, A. W. **The Pursuit of God.** Camp Hill, PA: Wingspread Publishers, 2007. p. 17. [**À procura de Deus**, no prelo por Editora Vida.]

suspirou profundamente, reclinou-se novamente na poltrona e voltou a ver TV.

Foi quando virei as costas para o meu pai e fui até a porta.

Eu não precisava dele. Eu era impertinente, impetuoso e ambicioso. Encontraria o meu caminho no mundo sem a ajuda dele. Afinal de contas, eu ganhava quase 100 dólares por semana em um emprego de verão como repórter de um jornal rural em Woodstock, Illinois, e morava sozinho em uma pensão.

Um plano surgiu na minha mente enquanto eu batia a porta dos fundos e iniciava a jornada até a estação de trem, arrastando a mochila que eu tinha preparado às pressas. Eu pediria ao jornal que me contratara para ficar até depois do verão. Muitos repórteres tinham alcançado sucesso sem educação universitária. Por que eu não poderia fazer o mesmo? Em pouco tempo, construí a minha reputação. Eu impressionara os editores dos jornais de Chicago e por fim me mudei para a cidade grande. Pedi à minha namorada que viesse comigo. Eu estava determinado a conseguir tudo sozinho — e a nunca mais voltar para casa.

Um dia haveria um revide. Chegaria o dia em que o meu pai folhearia o *Chicago Tribune*[2] e veria o meu nome em uma matéria exclusiva de primeira página. Essa seria a minha vingança.

Eu tinha uma missão — e estava alimentado pelo ódio. Mas o que eu não percebia enquanto caminhava pelo acostamento da rodovia naquela agradável noite de junho é que, na verdade, eu estava me lançando em uma busca totalmente diferente da que tinha imaginado. Era uma jornada que naquela época eu não podia entender — e que iria refazer a minha vida de maneiras que eu jamais poderia ter considerado.

Naquele dia, iniciei uma busca pela graça por toda a minha vida.

---

[2] O **Chicago Tribune** é um dos mais importantes jornais da cidade de Chicago, equivalente à **Folha** ou ao **Estadão** em São Paulo. [N. do T.]

Capítulo Um

O erro
....
Um dia você vai entender

> "A psicanálise [...] nos demonstra todos os dias como os jovens perdem suas crenças religiosas assim que é quebrada a autoridade paterna."
>
> — Sigmund Freud[1]

Foi só quando a minha mãe estava no leito de morte que ela confirmou o que anos de terapia tinham apenas sugerido: eu era um erro, pelo menos aos olhos do meu pai.

Os meus pais haviam começado a família com três filhos — uma menina e depois dois meninos —, e foi aí que o meu pai se entregou à paternidade. Ele matriculou os filhos em escolas de beisebol para meninos, liderava uma tropa de escoteiros-mirins, chefiava uma associação de apoio aos atletas da escola, viajava com a família em férias, participava das atividades atléticas dos estudantes e das festas de formatura.

Então, depois de um longo intervalo, veio a notícia inesperada de que a minha mãe estava grávida novamente, e seria a minha vez de chegar ao mundo.

— Seu pai ficou... bem, digamos apenas que ele ficou surpreso — minha mãe me contou nas suas últimas semanas de vida, quando conversávamos durante horas enquanto ela permanecia acamada com câncer. Nunca tínhamos tocado nesse assunto, mas, como

---

[1] Freud, Sigmund. **Leonardo da Vinci.** New York: Vintage/Random House, 1947. p. 98.

estávamos no meio de uma conversa maravilhosamente agradável sobre a história da família, eu queria aproveitar a oportunidade para ter algumas respostas.

— Surpreso como?

Ela fez uma pausa. — Não de uma maneira boa — ela confessou, demonstrando empatia com os olhos.

— Ele estava... o quê? Com raiva?

— Com raiva, não. Mas frustrado, sim. Chateado com as circunstâncias. Aquilo não estava nos planos dele. Então, falei para ele sobre ter ainda outro filho, para que você pudesse ter alguém com quem brincar. — Estávamos falando da minha irmã mais nova.

Aquilo fez sentido para mim. Anos antes, quando falei ao meu terapeuta a respeito do relacionamento com meu pai — a distância emocional, a falta de compromisso, as constantes brigas e explosões de raiva —, ele especulou que a minha chegada inconveniente na família interrompera os planos que o meu pai tinha para o futuro.

Eu imaginava que o meu pai sentia que merecia uma pausa após criar três filhos. Ele estava bem financeiramente, e eu estava certo de que ele queria viajar e desfrutar de mais liberdade. Agora pelo menos eu tinha a confirmação da minha mãe.

A nossa família vivia em um bairro de classe média alta na zona noroeste de Chicago. O meu pai trabalhara arduamente para estabelecer sua empresa e providenciava tudo de que precisávamos — e mais — materialmente. Era um marido fiel, respeitado na comunidade e comprometido com os amigos.

Mesmo assim, o meu relacionamento com ele sempre foi frio. Talvez eu precisasse de mais confirmação que os outros meninos, mas na verdade eu não sabia. Quando saí de casa, não haveria mais escoteiros, nem a festa da torcida nos jogos de beisebol, nem a plateia para quando eu fizesse os meus discursos, menos ainda a presença dele na minha formatura. Não consigo me lembrar de nenhuma conversa profunda que tivemos. E nunca ouvi as palavras de que mais precisava.

Com o tempo, descobri que a única maneira de conquistar a atenção dele era através de realizações. Então me esforçava para ter boas notas, fui eleito presidente do grêmio estudantil, trabalhei como editor do jornal da escola e passei a escrever uma coluna para o jornal da comunidade. Mas nada disso era o bastante. Eu não me lembro de nenhuma palavra de afeto vinda do meu pai. Nenhuma.

Os meus pais eram membros de uma igreja luterana; como advogado, o meu pai tinha assento na mesa administrativa da igreja e oferecia serviços jurídicos gratuitamente, ainda que aos domingos de manhã quase sempre ele frequentasse o golfe.

Eu me lembro de certa ocasião em que eu era bem pequeno e toda a família foi à igreja. Depois do culto, o meu pai voltou direto para casa, mas me deixou para trás. Ainda me lembro do meu pânico enquanto vasculhava freneticamente o entorno da igreja, com o coração batendo forte, tentando em vão encontrar o meu pai.

Claro que aquele foi um erro involuntário da parte dele, mas foi difícil não interpretar aquilo como um símbolo do nosso relacionamento.

Pais e fé

Uma noite, quando eu tinha cerca de 12 anos, o meu pai e eu discutimos a respeito de alguma questão. Eu saí da sala sentindo culpa e vergonha, e fui para a cama prometendo que tentaria me comportar melhor, ser mais obediente, para de algum modo me tornar mais aceitável para ele. Não consigo me lembrar do que causou o conflito daquela noite, mas o que aconteceu depois ainda está vivo na minha memória, cinquenta anos depois.

Sonhei que estava fazendo um sanduíche na cozinha quando um anjo luminoso subitamente apareceu e começou a falar sobre quão glorioso e maravilhoso era o céu. Esperei um pouco e então disse:
— É pra lá que eu vou —, referindo-me evidentemente ao final da minha vida.

A resposta do anjo me chocou. — Como você sabe?

Como eu sei? Que tipo de pergunta é esta? — Bem, eu tento ser um bom menino — gaguejei. — Tento fazer o que os meus pais mandam. Tento me comportar bem. E vou à igreja.

O anjo disse: — Isso não é suficiente.

Eu estava chocado. Como não era suficiente? E todos os meus esforços para ser obediente, cumprir os meus deveres, atingir as expectativas dos meus pais e professores? Entrei em pânico. As palavras não saíam da minha boca.

O anjo me deixou vivenciar por um momento aquele estado. Então, disse: — Um dia você vai entender.

Na mesma hora, ele se foi. Acordei transpirando. Esse é o único sonho da minha infância do qual consigo me lembrar. Ao longo dos anos, esse sonho de vez em quando me vinha à mente, mas eu não dava importância. Era apenas um sonho.

À medida que eu crescia, percebi que estava ficando cada vez mais confuso com relação às coisas espirituais. Quando cheguei à adolescência, os meus pais insistiram em que eu participasse das aulas de confirmação na igreja.

— Mas não tenho certeza se ainda acredito nessas coisas — eu disse para o meu pai. Sua resposta foi inflexível: — Vá. Você pode fazer suas perguntas lá.

As aulas consistiam em memorizar o catecismo. Perguntas eram toleradas com relutância e tratadas de modo superficial. Na verdade, saí de lá com mais dúvidas do que quando entrei. Suportei o processo porque sabia que, quando finalmente fosse confirmado, a decisão a respeito de continuar a frequentar a igreja seria minha — e eu já conhecia a resposta.

Naquela época, eu não tinha consciência de que o relacionamento de um jovem com seu pai pode refletir sua atitude para com Deus. Eu não sabia que muitos ateus famosos na História — pessoas como Friedrich Nietzsche, David Hume, Bertrand Russell, Jean-Paul Sartre, Albert Camus, Arthur Schopenhauer, Ludwig Feuerbach, barão d'Holbach, Voltaire, H. G. Wells, Madalyn Murray O'Hair e outros

— sentiram-se abandonados por seus pais ou profundamente desapontados por eles, o que tornou menos provável que eles quisessem conhecer um Pai celestial.[2]

Vi isso ilustrado anos mais tarde quando me tornei amigo de Josh McDowell, cujo pai fora um alcoólatra violento. — Cresci acreditando que os pais ferem — disse Josh. — As pessoas me diziam que há um Pai celestial que ama você. Isso não me deixava feliz. Na verdade, isso me fazia sofrer porque eu não conseguia discernir entre o Pai celeste e um pai terrestre.

Josh tornou-se o que ele mesmo chamou de "agnóstico mal-humorado" até que suas pesquisas sobre o cristianismo o convenceram de que se tratava de algo verdadeiro.[3]

Enquanto eu crescia, sabia que as dúvidas tinham me contaminado, e os meus professores insistiam em que a ciência eliminava a necessidade de Deus. Isso estava me levando cada vez mais para o ceticismo.

---

[2] V. Vitz, Paul C. **Faith of the Fatherless:** The Psychology of Atheism. Dallas: Spence Publishing, 1999. Vitz afirma (p. 16): "Freud faz a mais simples e mais facilmente compreendida declaração de que, uma vez que uma criança ou um jovem sofre um desapontamento ou perde o respeito por seu pai terreno, a crença em um pai celeste se torna impossível. Freud assumiu que a representação psicológica que uma criança faz de seu pai está intimamente ligada a seu entendimento de Deus, e essa compreensão tem sido desenvolvida por muitos psicólogos, especialmente por psicanalistas. Em outras palavras, o desapontamento e o ressentimento de um ateu por seu pai inconscientemente justifica sua rejeição de Deus". Muitos psicólogos têm enfatizado que o relacionamento entre uma criança e seu pai é um entre os vários fatores que podem influenciar sua concepção de Deus. É interessante observar que Vern L. Bengtson, da Universidade do Sul da Califórnia, em Santa Bárbara, descobriu que, para a transmissão religiosa através das gerações, "ter vínculo íntimo com o pai é mais importante do que ter um relacionamento íntimo com a mãe", exceto no judaísmo. Ele complementa: "Uma fé fervorosa não é uma compensação para um pai distante". E ainda descobriu que "um pai que é um exemplo, uma coluna na igreja, mas que não provê ternura e afirmação para seus filhos, não será seguido por eles na fé". V. Oppenheimer, Mark. Book Explores Ways Faith is Kept, or Lost, Over Generations, **The New York Times** (January 31, 2014); Bengtson, Vern L., com Putney, Norella M.; Harris, Susan. **Families and Faith:** How Religion Is Passed Down Across Generations. New York, NY: Oxford University Press, 2014.

[3] V. Chandler, Charles. From Disbelief to Devotion, **Decision**, March 2014.

Faltava alguma coisa na minha família e na minha alma que criava uma necessidade gritante de algo que naquela época eu não conseguia nem mesmo descrever.

Anos mais tarde, eu estava dirigindo pela Rodovia Noroeste em Palatine, Illinois (posso me lembrar do local exato, da hora do dia, do tempo ensolarado), quando girava o dial do rádio e ouvi algo que fez encher de lágrimas os meus olhos.

Não captei a mensagem inteira, mas era algo a respeito de pais, fé, Deus e esperança. A voz era de uma moça que tinha mais ou menos a minha idade e cuja vida, em seu impressionante horror e brutalidade, era o oposto da minha. Mesmo assim, criou-se uma conexão imediata, uma ponte entre nós.

Eu precisava procurá-la. Eu precisava ouvir pessoalmente aquela história. Eu precisava lhe fazer as minhas perguntas. De alguma maneira, eu sabia que aquela jovem segurava uma peça para o quebra-cabeça da graça.

Capítulo Dois

A órfã

A graça de Deus vai além do perdão

> "Nosso entendimento do cristianismo não pode ser maior do que a nossa apreensão da adoção [...]. De todos os dons da graça, a adoção é o maior."
>
> – J. I. Packer[1]

Stephanie Fast nunca conheceu o pai. Ela suspeita que ele fosse um soldado americano, possivelmente um oficial, que lutou na Guerra da Coreia iniciada em 1950. Há uma chance de que ele ainda esteja vivo em algum lugar. Não há como saber.

Consegui descobrir onde morava Stephanie, aquela voz que ouvi rapidamente pelo rádio, e peguei um avião em Denver para me encontrar com ela em sua bela moradia numa região arborizada da Rodovia Noroeste do Pacífico. Stephanie é uma jovem pequena, com cerca de 1,60 metro, cabelos pretos caindo em ondas sobre os ombros, e olhos castanhos bem vivos. Darren, seu marido, é um bem-humorado missionário aposentado; ele nos trouxe café e nos deixou a sós para conversamos na sala.

Stephanie fica pensativa quando começa a responder às minhas perguntas, com uma agradável cadência asiática na voz. De vez em quando, ela olha para o lado, como se revivesse a experiência que

---

[1] Packer, J. I. **Knowing God.** Downers Grove, IL: InterVarsity Press, 1973. p. 182, 194. [**O conhecimento de Deus.** 2. ed. São Paulo: Mundo Cristão, 2005.]

está lutando para descrever. Outras vezes, ela se inclina para a frente e gesticula com as mãos, como se procurasse entender tudo aquilo.[2]

Eu me assentei em uma poltrona em frente à dela. Procurando uma maneira de começar, eu disse: — Nós dois nascemos mais ou menos na mesma época....

— Não sei exatamente onde ou quando nasci — ela respondeu, dando de ombros. — Possivelmente em Pusan, pois me disseram que tenho sotaque daquela região. Mas quando? Não sei, ainda que, com certeza, tenha sido na mesma época em que você nasceu.

— Minha memória mais antiga — eu disse — é do meu terceiro aniversário. Os meus avós da Flórida me deram de presente um veleiro de madeira. Mas, quando nos mudamos para Chicago, eu acidentalmente o esqueci. Fiquei arrasado.

Comecei a rir ao pensar naquilo. — Estes são os traumas de um menino branco de classe média crescendo na América do Norte abastada dos anos 1950. Tenho certeza de que a sua memória mais antiga é muito diferente, Stephanie. Qual é a sua lembrança mais remota?

A jovem sorriu e pensou por um momento antes de responder. — Eu tinha mais ou menos a mesma idade, 3 ou 4 anos. Era a festa da colheita na Coreia, quando os familiares se reúnem em sua casa ancestral. Eu me lembro de toda a alegria, dos doces e brincadeiras, e de eu usar um lindo vestido, mas também me lembro com exatidão de minha mãe estar triste e pesarosa.

— Você sabe por quê?

— Bem, naquela noite, houve uma discussão entre os parentes a respeito da escolha que ela havia feito para seu futuro.

— Que tipo de escolha?

— Depois da Guerra da Coreia, não havia no país lugar para crianças que não fossem inteiramente coreanas. Naquela noite, surgiu uma oportunidade para que a minha mãe se casasse, mas eu não fazia parte

---

[2] Todas as entrevistas foram editadas, para efeitos de concisão, clareza e conteúdo.

do pacote. Os parentes disseram que tinham encontrado um homem que queria casar-se com ela, mas ela não poderia me levar. Para ela, a escolha era: "Quero ter um futuro? Se quiser, não posso levar a minha filha comigo". Houve muita discussão, muita vergonha, muita culpa. Eu me lembro de minha mãe chorando e me segurando a noite inteira.

— Isso era por causa de crianças nascidas fora do casamento?

— Sim, especialmente aquelas que não eram inteiramente coreanas. Nós éramos a lembrança de uma guerra feia. Não sei a palavra em inglês para isso, mas os coreanos têm uma forte convicção de pureza, e, quando eu era mais nova, era diferente das outras crianças. O meu cabelo e a cor da minha pele tinham tons ligeiramente mais claros. Eu tinha nos olhos uma prega que muitos coreanos não têm, e meu cabelo era encaracolado, algo totalmente estranho para os coreanos. Então, as pessoas sabiam que eu não era puro-sangue.

— Como terminou o drama familiar?

— Em algum momento, a minha mãe tomou uma decisão; ela iria me entregar aos cuidados de alguém. Disse que eu iria para a casa do meu tio. Poucos dias depois, eu me lembro, eu estava caminhando para a cidade com ela, em uma estrada suja. Aquela foi a primeira vez em que ouvi o apito de um trem. Perguntei o que era aquilo, e ela respondeu: "É um aviso de que vamos embora".

— Quando o trem chegou, ela embarcou comigo. Naquela época, os asiáticos não usavam malas, mas enrolavam suas coisas em um embrulho do tamanho de um lenço e o levavam como se fosse uma sacola. Dentro, havia uma refeição e uma muda extra de roupas. A minha mãe colocou esse embrulho no guarda-volumes acima da poltrona do trem, me pôs nos joelhos e disse: "Não tenha medo". Pediu que eu saísse do trem com os outros passageiros e que aguardasse, pois o meu tio me encontraria. Então ela se foi.

— E o que aconteceu quando você desceu do trem?

Por um momento, Stephanie não respondeu. Vagarosamente, sacudindo a cabeça, revelou. — Ninguém apareceu para me pegar.

Lixo, sujeira, bastarda, diabo estrangeiro

Ali estava uma criança, um pouco maior que um bebê, jogada em um lugar assustador e perigoso que estava predisposto a rejeitá-la — um mundo sem a graça.

— Você deve ter tido um ataque de pânico — observei.

— A princípio, não. Pensei: *Vou ficar aqui na plataforma, e o meu tio virá me buscar.* Mas, quando anoiteceu, os trens pararam de circular. O chefe da estação chegou e perguntou o que eu estava fazendo ali. Eu lhe disse que estava esperando pelo meu tio, e aquela foi a primeira vez que alguém me chamou de *toogee* — disse ela, quase vomitando aquela palavra.

— O que quer dizer?

— É uma palavra muito desagradável, como chamar um negro de "crioulo". Significa basicamente mestiça, porém é mais que isso. Tem o sentido de lixo, sujeira, bastarda, diabo estrangeiro, todas essas conotações negativas. É estranho... Tenho certeza de que a minha mãe deve ter me dado um nome, mas não consigo me lembrar de qual.

— Então, em certo sentido, essa palavra se tornou o seu nome.

— Sim, foi como se a minha identidade começasse naquele dia com *toogee* — lixo, bastarda. Era assim que as pessoas me chamavam.

— O que aconteceu depois?

— O chefe da estação me enxotou dali; então saí do local até encontrar um vagão de bois encostado em um muro. Eu me arranjei por ali na primeira noite. Coloquei palha sobre o meu corpo, abri o pacote e comi o lanche que a minha mãe tinha preparado para mim. Tentei dormir, mas me lembro de ter ouvido cães, sons estranhos e ruídos de gado. Eu estava assustada, mas não em pânico.

— Mesmo sendo tão criança?

— Confiei na minha mãe, e em algum lugar da minha mente eu pensava que o meu tio viria me buscar.

Hesitei antes de fazer a próxima pergunta. Finalmente perguntei:

— Hoje, quando você se lembra disso, acha que havia mesmo um tio?

Ela não vacilou. — Honestamente, não tenho ideia. Talvez ela tenha mesmo me confiado aos cuidados de alguém e que eu simplesmente desembarquei na estação errada. Mas, naquele tempo na Coreia, era comum que as mães abandonassem seus filhos, especialmente se estes não fossem totalmente coreanos. Muitas vezes, elas não conseguiam suportar a vergonha, o estigma social de serem cruelmente hostilizadas pelos outros. Geralmente as crianças eram deixadas em estações de trem ou outros lugares públicos.

— Então, naquele dia você não sabia quais eram as intenções da sua mãe?

Ela olhou para baixo e respondeu: — Não, não sabia mesmo. — Seus olhos se encontraram com os meus mais uma vez. — Mas prefiro pensar o melhor dela. Tenho de agir assim, você entende? Acho que todos os órfãos pensam que sua mãe é princesa. Além disso, ela estava sob muita pressão; não há a menor dúvida quanto a isso. Seu futuro dependia daquilo.

— Entendo — eu disse. Parece que todos nós queremos crer que os nossos pais têm as melhores intenções. — Naquele dia, na estação do trem, começou uma odisseia para você. Quanto tempo isso durou?

— Sobrevivi sozinha por pelo menos dois ou três anos. Se eu tivesse ficado na cidade, seria encontrada por organizações que estavam começando a resgatar crianças mestiças, mas eu ficava sempre nas montanhas ou em pequenos vilarejos.

O que não teria enfrentado uma criança pequena vagando ao acaso durante anos...? Naquela hora, pensei na pequena Penelope, minha linda neta, com seu sorriso fácil e um amor espontâneo pela vida. Ela é tão bem cuidada, tão inocente, tão bondosa — e tão dependente de sua família para tudo.

— Tenho uma neta que está com 4 anos de idade — comecei a falar.

— Oh, eu também! — ela exclamou.

— Então, você sabe o que vou perguntar agora. Você provavelmente olha para ela e pensa: *Como foi que eu consegui sobreviver com apenas 4 anos de idade?* Como você conseguiu sobreviver?

— Só por Deus, é o que eu penso. Uma coisa a respeito das crianças do Terceiro Mundo é que elas não são tão mimadas como as nossas crianças. Geralmente, desde bem pequenas, elas se cuidam sozinhas. A minha mãe ficava ocupada na plantação de arroz e não tinha muito tempo para cuidar de mim. Então, isso foi uma bênção. Eu já era bastante autossuficiente.

Gafanhotos e ratos do campo

Imagino a quantidade de comida que é servida a Penelope três vezes ao dia, à qual, como muitas crianças em idade pré-escolar, ela muitas vezes reage com desinteresse.

— Como você fazia para comer? — perguntei a Stephanie.

— Na verdade, havia muita comida na zona rural, menos no inverno — ela explicou. — Eu roubava o que queria. Havia pomares, hortas e plantações de arroz. Enquanto ninguém me pegasse, eu poderia comer.

— Eu me lembro de seguir um grupo de crianças sem lar. De noite, elas rastejavam pelas plantações e pegavam alguns melões. Pensei: *Eu também posso fazer isso*. Então, houve um período em que toda noite eu esperava o vigia da plantação dormir para então rastejar e pegar o que eu quisesse para comer.

— Além disso, as plantações de arroz eram cheias de grilos e gafanhotos. Eu os pegava e os prendia pela cabeça com uma palha de arroz até completar uma fieira, que eu amarrava em volta do meu cinto. No fim do dia, eles já estavam completamente secos. Então, eu os comia. E eu matava ratos do campo. Eles saíam do mesmo buraco, na mesma hora, todos os dias. Aprendi a ser muito, muito paciente. Quando eles botavam a cabeça para fora, eu os apanhava antes que conseguissem voltar para dentro do buraco. Eu comia tudo — a pele, as orelhas, a cauda.

Perguntei: — E no inverno? Esse período deve ter sido insuportável para você.

— Sim, era muito frio, e eu não tinha para onde ir ou o que comer. Na verdade, eu deveria ter morrido no primeiro inverno. Não sei como sobrevivi, mas me lembro de que encontrei uma toca de raposa e entrei ali. Ajuntei toda palha que consegui encontrar nas plantações de arroz e fiz um pequeno abrigo para mim. Eu ia à aldeia quando todos estavam dormindo e roubava o que conseguia dos aldeões.

— Nos países do Terceiro Mundo, as crianças crescem muito depressa. Aprendi rapidamente a me adaptar. Nas minhas andanças, qualquer coisa era um tesouro. Uma lata que um soldado tinha jogado fora de um caminhão se transformava no meu copo e em uma panelinha. Achávamos pregos que colocávamos no trilho da estrada de ferro para que os trens passassem por cima e os achatassem — eles se tornavam utensílios. Eu usava um deles para estripar os ratos que pegava.

— Os aldeões sabiam que vocês estavam lá?

— Oh, sim. De vez em quando, uma mulher bondosa deixava a porta de sua cozinha aberta; então eu podia entrar e me aquecer. Aquelas eram respostas à oração, porque, se eu ficasse apenas na toca, tremeria de frio a noite inteira.

— Você mencionou que você era vítima de zombarias.

— O tempo todo. As crianças zombavam de mim porque eu era mestiça, e os fazendeiros gritavam comigo porque eu roubava suas plantações. Para todo mundo, eu era uma *toogee* suja. Quando você é uma criança pequena e ouve as pessoas o chamando daquele jeito dia após dia, você começa a acreditar naquilo. Eu acreditava que qualquer um podia fazer o que quisesse comigo, porque eu não me considerava uma "pessoa". Eu não valia nada, estava suja, era impura, não tinha nome, não tinha identidade. Não tinha família. Não tinha futuro nem esperança. Com o tempo, passei a me odiar.

— Houve ocasiões em que eu seguia um grupo de crianças sem lar. Algumas vezes, permitiam que eu me misturasse com eles, e em outros momentos faziam coisas más comigo, e eu não tinha como saber o que ia acontecer. Então, eu me tornei extremamente vigilante. Muito cautelosa. Mesmo assim, a criança dentro de mim queria sempre estar com as pessoas. Eu sempre quis escutar alguém dizendo: "Seja nossa amiga. Fique aqui conosco".

— Como você sentia isso, emocionalmente falando?

— Eu simplesmente tentava sobreviver. Chorava quando era abusada. Implorava por misericórdia, ficava com raiva, chutava e gritava, e aprendi a xingar muito cedo. Nos primeiros dias ou semanas, eu chorava querendo a minha mãe. Tentei muito encontrar o caminho de volta para casa. Talvez ela estivesse na próxima colina; talvez ela estivesse na próxima esquina. Quando eu avistava uma aldeia, pensava: *Oh, aquela é a minha aldeia, e vou correr para lá.*

— Mas nunca era a minha aldeia.

O poço e a roda d'água

— Você mencionou abusos — eu disse. — As pessoas a castigavam?

— Uma vez os fazendeiros me flagraram roubando e me jogaram em uma espécie de cisterna abandonada, um poço, esperando que eu morresse — contou. — Entrei em pânico, porque até hoje não sei nadar. Havia água no fundo, mas, quando me jogaram, encontrei uma rocha que saía das paredes do poço, e a escalei, ainda que houvesse água no local onde eu estava. Eu me lembro de ter gritado e ouvido o eco da minha voz, mas ninguém veio me resgatar. Aí pensei com toda a clareza: *OK, vou morrer*. E, em certo sentido, estava tudo bem. Pensei: *Se eu deixar acontecer, posso morrer.*

— Finalmente, depois de alguns dias, ouvi a voz de uma mulher idosa me chamando. "Menina, menina, você está aí embaixo?". Respondi gritando: "Sim, estou". Ela desceu um balde pelo poço. Estava escuro e difícil de ver, mas eu ouvia o metal batendo na pedra. Quando o balde chegou onde eu estava, agarrei-me a ele da melhor maneira que pude. Ela me puxou para cima — *clang, clang, clang, clang*. Ainda consigo ouvir aquele barulho... E então ela me pegou por baixo dos braços e me levou até um curral. Cobriu-me com palha, me aqueceu e me trouxe um pouco de comida.

— Ainda que antes eu tivesse sido vítima de maldades, aquela foi a primeira vez que percebi que alguém poderia me matar. Pensei: *Por que sou tão má a ponto de as pessoas quererem me matar? Por que não posso ser como as outras crianças que têm um pai e uma mãe?*

— O que a mulher lhe disse?

— Ela disse: "Essas pessoas vão ferir você. Mas é muito, muito importante que você viva". Hoje, como adulta lembrando de tudo isso, creio que aquelas palavras foram proféticas. Mas na época lembro de haver pensado que ela dissera aquilo porque conhecia a minha mãe. Pensei que ela estava sugerindo que, se eu me levantasse bem cedo de manhã e fosse para o topo da montanha mais próxima, encontraria a minha mãe ali.

— Em outra ocasião, fui apanhada roubando comida. Eu me lembro de um fazendeiro que me agarrou pelo pescoço, me chamou de *toogee* e gritou: "Vamos nos livrar dela"; outros fazendeiros disseram: "Ela é mesmo uma ameaça. Vamos amarrá-la na roda d'água".

— Eles me pegaram pelos pés e pelos ombros, me levaram até a roda d'água no canal e me amarraram virada para cima. Se eu fechar os olhos agora, ainda posso dizer a você quais formações de nuvens vi naquela posição. Eu me lembro de ter ouvido os meus próprios gritos; dos meus pés e das minhas pernas sendo esticados; de ter ido para debaixo da água; dos seixos e da areia que entraram por minha boca e meu nariz. Eu me lembro de ter subido à tona, cuspido aquilo tudo, gritado e praguejado. Eu sentia gosto de sangue na boca, e meus olhos estavam inchados — e então de repente, do nada, a roda d'água parou.

— Senti uma mão me tocar e ouvi a voz de um homem dizer: "Está tudo bem. Vou tirar você da roda d'água; não lute comigo". Ele me tirou da roda e me colocou no chão. Os meus olhos estavam inchados; então eu tinha dificuldade para vê-lo, mas me lembro de que ele usava uma roupa branca. Naquela época na Coreia, homens mais velhos que já eram avôs usavam roupas brancas. Ele pegou um lenço, me limpou o melhor que conseguiu e depois me deu um pouco de água para beber.

— Então, ele disse as mesmas palavras da mulher que me resgatou do poço: "Essas pessoas querem ferir você. Você nem precisa sair daqui, mas você precisa viver, menina. Isso é muito importante. Escute o que eu digo — você precisa viver".

Do lixão à esperança

Stephanie continuou a lutar pela sobrevivência, e em suas andanças finalmente chegou a Daejeon, uma das maiores cidades da Coreia do Sul.

— Um rapaz se aproximou de mim, me chamou de *toogee* e perguntou: "Você é nova aqui, não é?". "Sim, sou", eu disse. Ele prosseguiu: "Você precisa de um lugar para ficar?". Ninguém jamais havia pedido para eu ficar em sua companhia. Respondi: "Sim, preciso". Ele me orientou: "Venha comigo".

— Havia um rio que cortava a cidade, e havia também uma barragem que acabou se transformando em uma cidade de crianças. Havia centenas de órfãos nas duas margens. Aquele garoto era o líder de uma pequena gangue e me deixou fazer parte do seu grupo. Os primeiros dias foram maravilhosos. Quando eles conseguiam comida, repartiam comigo. Eles tinham cobertores e deixavam que eu os usasse. Acendiam fogueiras e contavam histórias folclóricas e, quando chegava a hora de dormir, eu dormia perto daquele rapaz e de outras crianças.

— Mas, depois de alguns dias, as coisas ficaram feias. Eu virei um joguete nas mãos deles. Eu tinha apenas 7 anos. Sabia que aquilo era errado. Mas na minha cabecinha eu achava que deveria acontecer com todo mundo. É isso o que você faz para ser parte de uma família. Eu simplesmente não percebia o horror de tudo aquilo.

— Não sei quanto tempo fiquei com eles, mas irrompeu uma epidemia de cólera na Coreia do Sul, e fiquei doente, muito doente. Se você pega cólera, perde peso, tem febre alta, sofre delírios. Pensei: *Preciso sair daqui. Preciso voltar à zona rural, onde o ar é melhor e posso conseguir comida fresca. Tudo vai ficar bem.*

— Eu estava caminhando por um beco escuro e vi outra criança, que muito provavelmente tinha cólera, caminhando pelo esgoto a céu aberto. Eu me aproximei enquanto ela gritava. Não sei quão doente ela estava. Mas pensei: *Ela está com fome, e eu estou com fome; então vou roubar um pouco de comida.*

— Mas fomos de novo pegas pelos fazendeiros. Eles nos levaram a um prédio que tinha sido bombardeado durante a guerra. Os meninos da barragem tinham me falado a respeito daquele prédio. Quando vivíamos na barragem, havia muitos ratos de sarjeta, mas, se estivéssemos juntos, eles não nos incomodariam. Mas os ratos moravam naquele prédio, e nós nunca deveríamos ir lá. E os fazendeiros — quatro ou cinco deles — nos jogaram lá. Eu me lembro de ter segurado aquela menininha doente e de ter gritado muito, mas essa é a última coisa de que me recordo.

— Do que você se lembra depois disso?

— De ter aberto os olhos e encarado dois olhos azuis.

— Olhos azuis? De quem?

— Mais tarde, descobri o nome dela. Era Iris Eriksson, uma enfermeira sueca que trabalhava para a Visão Mundial. O trabalho dela era resgatar bebês das ruas, porque naquele tempo as crianças eram abandonadas a torto e a direito, principalmente porque a Coreia ainda tentava sobreviver após a guerra, e, se alguém tivesse mais filhos do que pudesse sustentar, simplesmente os abandonava. Ela tinha a responsabilidade de pegar os bebês, não crianças mais velhas como eu, porque os bebês tinham maior probabilidade de sobreviver, mais chance de ser adotados e menos chances de ter problemas de comportamento.

— Você devia estar com mais ou menos 7 anos de idade — calculei. — Então, o que aconteceu com você?

— Esta é a história que me contaram depois. A srta. Iris me encontrou em um lixão e viu que eu estava mais morta que viva. Claro, sentiu pena de mim, mas eu era muito velha para ser tratada por ela. Ela se levantou para me deixar ali, mas disse que duas coisas a fizeram mudar de ideia. E você precisa entender que a srta. Eriksson era uma luterana muito serena, bastante reservada em sua fé; então aquilo não era algo comum para ela.

— O que aconteceu?

— Quando ela se levantou e começou a caminhar, sentiu as pernas muito pesadas, mas muito pesadas mesmo. E não sabia por quê. Tentando entender aquilo tudo, ouviu uma voz.

Devo ter olhado surpreso, porque Stephanie deu uma gargalhada. — Sabe de uma coisa? Você precisava estar lá quando ela contou tudo isso. A srta. Eriksson disse: "Ouvi uma voz em sueco que disse apenas duas palavras: *A garota é minha*". Ela ficou assombrada, para dizer o mínimo.

— Não havia ninguém com ela?

— Não, ninguém. Ela disse: "Eu sabia que era Deus — e sabia que deveria responder a ele". E foi exatamente o que ela fez. Ela me pegou nos braços e me levou ao seu consultório. Permitiu que eu ficasse lá por algumas semanas e depois, quando eu estava melhor de saúde, me transferiu para o orfanato da Visão Mundial na cidade.

— A srta. Eriksson... bem, como posso dizer isso? Em certo sentido, ela me salvou antes de Jesus me salvar.

Um homem como Golias

O orfanato se tornou uma casa para mim, mas dificilmente um lar. As condições eram primitivas: o encanamento era externo, os colchões faziam as vezes de camas, e centenas de crianças gritavam por atenção. — Eu era uma das mais velhas — Stephanie contou.

— Minha tarefa era cuidar dos bebês: lavar as fraldas, colocá-las no varal para secar, trocar as crianças, carregá-las nas costas enquanto trabalhava. Eu amava os bebês.

Amor: eu não tinha ouvido essa palavra durante todo o relato de Stephanie. — Criar relacionamentos com os pequeninos foi uma emoção nova para você?

— Oh, sim. Quando fui para a seção dos bebês, todos ficavam com os braços estendidos, querendo que eu os pegasse. Eu me senti amada. Os funcionários não tinham tempo suficiente para cuidar de todos; então eu cantava para eles, os abraçava e passeava com eles. Mas de vez em quando um bebê desaparecia.

— Desaparecia?

— Sim. E, quando eu perguntava para onde o bebê tinha ido, eles diziam: "Ele foi para os Estados Unidos".

— Oh, eles eram adotados.

— Bem, era isso mesmo... eu não sabia o que significava "adoção". Só sabia que, quando eles falavam que um bebê tinha ido para os Estados Unidos, era algo bom. Então, um dia o diretor disse que um casal norte-americano viria para escolher um dos meninos. Imediatamente comecei a trabalhar para deixá-los preparados — pentear-lhes os cabelos, dar-lhes banho, beliscar suas bochechas, vesti-los com as melhores roupas que tínhamos disponíveis.

— No dia seguinte, a campainha tocou. Um obreiro abriu a porta, e foi como se o sr. Golias estivesse entrando. Ele era não apenas alto, mas corpulento. Naquele tempo na Coreia, somente as pessoas ricas eram fortes; então pensei que ele devia ser o homem mais rico do mundo. Ele entrou, parou e então a sra. Golias entrou. Ela era um pouco menor.

— Eles falavam inglês, e havia um intérprete. Os bercinhos dos bebês foram colocados no corredor, e eu observava enquanto o homem escolheu um bebê e se estendeu para pegá-lo no berço. — Ela levantou o rosto enquanto se lembrava.

— Fiquei sem ação diante da cena; acho que nunca vi um homem pegar um bebê daquele jeito. Ele aproximou o bebê do seu rosto, o beijou e começou a conversar com o pequeno. Foi aí então que... bem, comecei a sentir uma emoção forte. Eu o vi colocar o bebê de volta no berço e fazer o mesmo com outro. O que não percebi é que eu estava me aproximando cada vez mais dele. Eu estava muito curiosa.

— Ele colocou o segundo bebê debaixo do seu queixo e olhou fixamente nos olhos da criança — que estava chorando. E o meu coração começou a fazer *pump, pump, pump, pump, pump*, porque eu sabia que isso era bom. Algo em mim dizia: *Isso é bom*. Ele devolveu o segundo bebê e fez a mesma coisa com o terceiro — e foi aí que ele me viu com o canto do olho. Ele fez a mesma coisa, beijou o bebê e o colocou de volta, e se virou para me olhar melhor. Comecei a dar alguns passos para trás.

— E, quando ele olhou para você, o que viu?

— Ainda que tivesse quase 9 anos e estivesse no orfanato já por quase dois anos, eu ainda tinha sujeira no meu corpo, especialmente nos cotovelos e nos joelhos — era uma sujeira que estava incrustada na minha pele. Eu tinha tanto piolho que o meu cabelo estava branco. Tinha tantos vermes que, quando eles ficavam com fome, rastejavam pela minha garganta. Eu tinha um olho torto, daquele tipo de olho caído. Não enxergava muito bem, provavelmente por causa de desnutrição. O meu rosto não tinha expressão. Eu pesava menos de 13 quilos. Era esquelética. Tinha furúnculos por todo o corpo e cicatrizes no rosto.

— Mesmo assim, ele veio na minha direção. Abaixou-se o máximo que conseguiu, até ficar de cócoras, e me olhou bem nos olhos. Estendeu sua mão imensa e tocou o meu rosto, deste jeito — disse ela, fechando os olhos, enquanto de modo terno repetia o gesto com a própria mão. — A mão dele cobriu a minha cabeça; e foi tão bom senti-la. Então, ele começou a acariciar o meu rosto.

Fiquei hipnotizada. Veja só... era a imagem da graça que eu estava buscando: um candidato à paternidade trazendo aceitação incondicional a uma criança que não tinha absolutamente nada a oferecer, nenhuma recompensa, nenhum reconhecimento, uma criança em toda a sua vulnerabilidade, com todas as suas cicatrizes e fraquezas.

Os meus olhos ficaram úmidos. *Isso* é o amor de um pai. Talvez, *apenas talvez,* isso seja o amor de um Pai.

Fechando a janela

Então, algo incrível aconteceu. — Foi tão bom sentir aquela mão no meu rosto... — Stephanie relatou — ... e por dentro eu pensava: *Oh, continue assim! Não deixe que esta mão se vá!* Mas ninguém jamais me tocara daquele jeito, e eu não sabia como responder.

— O que você fez?

Stephanie arregalou os olhos, como se ainda estivesse impressionada com suas próprias ações. — Puxei a mão dele em direção ao meu rosto — ela prosseguiu — e o olhei bem nos olhos. E então cuspi nele. Por duas vezes, cuspi nele. E depois corri e me escondi em um armário.

Cuspiu nele? A minha mente entrou em parafuso. A graça estava abrindo uma janela de oportunidade para ela — uma chance de esperança, segurança e futuro — e ela deliberadamente a fechou.

— Como? — perguntei. — Como você foi capaz de fazer algo assim?

Enquanto ela procurava uma possível explicação, a minha mente ficou inundada com a imagem de todas as ocasiões em que tirei a mão de Deus do meu rosto, de todas as vezes em que ele me tocou, nos meus dias de rebelião e ceticismo.

Houve uma época, no meu tempo de criança, em que um professor de Escola Dominical falava animadamente sobre o amor de Deus. Eu me sentia atraído pela fé, mas desconfortável com as emoções, e por isso me afastei. Certa vez, no casamento de um amigo, o pastor falava poderosamente sobre construir um casamento de acordo com o amor de Cristo. Aquilo me intrigou, mas rapidamente as minhas ocupações profissionais sufocaram aquela nascente de curiosidade espiritual.

Houve uma ocasião em que clamei ao Deus no qual eu não acreditava, desejando desesperadamente que ele curasse a nossa filha recém-nascida da doença misteriosa que lhe ameaçava a vida. De repente, na verdade inexplicavelmente, ela se recuperou, mas eu logo me esqueci da oração, creditando a cura a algum milagre da medicina moderna, mesmo que os médicos não tivessem explicação para o que acontecera. Mais de uma vez, devo admitir, permiti que a janela da oportunidade espiritual *se fechasse* lentamente.

Para Stephanie, de muitas maneiras aquilo poderia ter representado o fim da história. Mesmo assim, inacreditavelmente, o homem e a mulher no orfanato foram persistentes. Eles continuaram a procurá-la, a despeito da rejeição inicial. No dia seguinte, eles voltaram.

— Fui chamada ao escritório do diretor, e o casal estrangeiro estava lá — Stephanie relatou. — Pensei: *Agora estou encrencada de verdade. Serei castigada pelo que fiz. Eles vão me expulsar daqui.* Mas a intérprete apontou para o homem e a mulher... aqueles estrangeiros, aqueles forasteiros, aquele homem enorme com um coração imenso que chorava por causa das crianças... e disse: "Eles querem levar você para a casa deles".

— O que me deixou chocada foi o fato de que eles facilmente poderiam ter escolhido uma criança mais submissa, talvez o bebê que pensaram em adotar primeiro, uma criança sem a bagagem emocional e as feridas físicas desta recalcitrante menina de rua. Eles poderiam ter escolhido alguém que não sofresse os efeitos de anos de privação e abuso, alguém que não exigisse tanto sacrifício paternal. Ninguém os teria culpado. Ninguém pensaria duas vezes. Não obstante, David e Judy Merwin, missionários recém-chegados dos Estados Unidos, declararam inesperadamente naquele dia: *Esta é a criança que queremos.*

— Na época, eu não entendi que estava sendo adotada — disse Stephanie. — Pensei que seria empregada deles. É isso o que em geral acontece na Coreia: quando uma criança atinge certa idade, é vendida para ser empregada de pessoas ricas.

Uma empregada — sim, ela podia entender isso. Assim, poderia pagar pela bondade deles, poderia quitar sua dívida, poderia ter cama e comida e compensá-los pelos riscos de abrigá-la. Tornar-se uma empregada, uma serva, era a única coisa que fazia sentido naquela situação. Uma reação perfeitamente compreensível.

"Não há palavras"
Os Merwins queriam adotar um menino e dar-lhe o nome de Stephen; então deram o nome de Stephanie à sua nova menina. A casa deles na Coreia, modesta para os padrões ocidentais, parecia imensa para ela.

— Eu nunca tinha visto uma geladeira, um vaso sanitário ou uma cama. Pensei: *Uau, este será um excelente lugar para trabalhar!* Eles tinham até ovos, que só coreanos ricos podiam comprar. Eles me limparam, me deram antibióticos e trataram da minha saúde. Eles me alimentaram, me colocavam para dormir, compraram roupas novas para mim, mas nunca me fizeram trabalhar.

— Isso deixou você confusa?

— Sim, durante meses eu queria saber por que, mas tinha medo de perguntar. Quando íamos à aldeia, todos me tratavam como se eu fosse alguém maravilhoso. Eu não conseguia entender. Eu fora uma *toogee*, mas agora era tratada como uma princesa.

— Então, certo dia uma menina me disse: "Você tem cheiro de americana". E eu retruquei: "O que você quer dizer com isso?". Ela justificou: "Você tem cheiro de queijo. As crianças coreanas sempre diziam que os estrangeiros têm cheiro de queijo". Eu disse: "Não, eu não sou americana, mas estes americanos são muito legais. Até agora não me colocaram para trabalhar. Eles estão me tratando muito bem".

— Ela olhou para mim com uma expressão de surpresa e perguntou: "Stephanie, você não entendeu que é filha deles?". Essa ideia nunca me havia ocorrido. Respondi: "Não, eu não sou filha deles". E ela insistiu: "Você é sim! Você... é... filha... deles".

— Fiquei chocada! Saí correndo do quarto e subi a colina em direção a minha casa, dizendo a mim mesma: *Sou filha deles, sou filha deles! É por isso que sou tratada desse jeito. É por isso que eles não batem em mim. É por isso que ninguém me chama de* toogee. *Sou filha deles!*

— Corri para casa, corri para a minha mãe, que estava assentada em uma cadeira, e disse em coreano: "Eu sou sua filha!". Ela ainda não falava coreano, mas um trabalhador traduziu para a minha mãe: "Ela está dizendo que é sua filha". Com isso, grande lágrimas escorreram pelo rosto da minha mãe. "Sim, Stephanie, você é minha filha!"

— O que você sentiu nessa hora?

Stephanie vinha falando tão candidamente sobre sua vida, inclusive sobre maus-tratos e sofrimentos impensáveis, abandono e rejeição, humilhação e dor. Mas agora ela ficou perturbada, sem saber o que dizer.

— Isso foi... — ela começou, mas levantou as mãos. — Não há palavras, Lee. Simplesmente não há palavras.

Algumas vezes, a linguagem não pode conter a graça.

E depois, Jesus

— Seus pais adotivos demonstraram muito amor por você — comentei. — Eles falaram de Jesus para você? Como você se tornou cristã?

— Estávamos em uma praia na Coreia, e o meu pai perguntou se eu queria ser batizada. Respondi: "Claro, vamos fazer isso no mar". Então, o meu pai me batizou.

— Quando isso aconteceu, você tinha fé ou estava apenas tentando agradar a seus pais?

— Eu amava o Senhor, tanto quanto amo agora, mas havia muitas feridas no meu íntimo. O problema é que eu estava assustada demais para mostrar a minha dor às pessoas. Se a minha mãe e o meu pai vissem a minha dor, acho que me levariam de volta para o orfanato. Se o meu professor visse a minha dor, contaria aos meus pais.

Se os meus amigos vissem a minha dor, contariam a minha família. Eu não queria que eles descobrissem sobre a minha vida como criança de rua. Eu temia que me rejeitassem. Isso continuou até os meus 17 anos.

— O que aconteceu então?

— Nós nos mudamos para uma cidade pequena em Indiana, onde o meu pai era pastor, e eu fazia de tudo para negar a minha herança coreana. Eu era a única asiática no ensino médio e queria ser a perfeita garota dos Estados Unidos. Eu era a rainha da reunião do reencontro de estudantes e ganhei a cidadania norte-americana, mas toda noite morria de medo de ser descoberta e de perder o amor dos meus pais.

— Então, no verão antes do meu 17º aniversário, eu estava mal-humorada e irritadiça, e a minha mãe me confrontou com amor. Voltei para o meu quarto, fechei a porta e olhei no espelho. Sentia que eu não era nada mais que uma *toogee*, um pedaço de lixo. Rastejei para debaixo das cobertas.

— Pouco depois, o meu pai abriu a porta, e eu o ouvi chamar gentilmente: "Stephanie?". Ele se assentou do lado da minha cama e disse: "Sua mãe e eu queremos que você saiba que nós a amamos muito, mas parece que você tem dificuldade em aceitar esse amor. Chegou a hora de entregarmos você a Deus".

— Eu era filha de pastor; então conhecia a Bíblia, certo? Mas o meu pai conhecia melhor. Ele disse: "Stephanie, posso falar de Jesus com você?". Virei os olhos e respondi: "Claro". Ele falou que eu deveria pensar em Jesus... que sabia como eu me sentia e que Jesus era o único que podia me ajudar. Então, o meu pai saiu do quarto e me deixou sozinha.

— Até aquele momento, eu via Jesus apenas como o Filho de Deus. Sabia que ele tinha vindo ao mundo, mas naquela noite pela primeira vez algo ficou claro para mim: *Jesus me entendia*. Ele passou pelo mesmo que eu passei! De fato, ele era uma espécie de *toogee*. Você entende? O pai terreno de Jesus não era pai dele de verdade. Quando pequenino, ele dormiu na palha. Foi ridicularizado e abusado. As pessoas o perseguiram e tentaram matá-lo.

— E comecei a entender: *Oh, é isso que o meu pai quer dizer quando fala que Jesus me entende.* Então, naquela noite, depois que o meu pai saiu do quarto, eu orei. Mas não foi uma oração bonita. Eu disse: *Deus, se o Senhor é o que o meu pai e a minha mãe dizem que o Senhor é, então faça alguma coisa, e faça rápido!* E ele fez.

— O que ele fez?

— Comecei a chorar. Eu tinha passado anos sem chorar. Simplesmente não conseguia. No processo de ser abusada e ridicularizada, entendi que, quanto mais chorasse, mais dor eu experimentaria. Mas naquela noite algo frio e duro quebrou dentro de mim; era uma barreira que existia entre mim e Deus. Ele finalmente permitiu que eu chorasse, e eu não conseguia parar.

— Comecei a lamentar, e o meu pai e a minha mãe vieram ao meu quarto. Eles não disseram nada. O meu pai segurou os meus pés, e a minha mãe segurou as minhas mãos, e os dois oraram silenciosamente ao Senhor. E tive uma revelação sobrenatural.

— Subitamente, eu me dei conta do seguinte: Jesus me conhece *e mesmo assim me ama*! Ele conhece toda a minha vergonha, toda a minha culpa, todos os meus medos, toda a minha solidão. E mesmo assim me ama. Desde então, nunca mais fui a mesma.

— Antes disso, toda vez que eu ouvia falar sobre o amor de Deus, pensava que era um amor pelos outros. Ele não poderia *me* amar, certo? Eu era um erro! Ele não poderia *me* amar, pois nasci do pecado. Ele não poderia me amar, pois eu era mestiça. Eu pensava que, para receber amor, era preciso ter algum *status* na vida. Isso estava de tal modo incrustado em mim que, mesmo depois de ter sido adotada e de meus pais me falarem a respeito do amor de Deus, eu ainda pensava: *Ele não pode me amar. Fui estuprada. Ele não pode me amar. Fui abusada. Ele não pode me amar. Tenho uma raiva profunda dentro de mim. O meu pai diz que preciso perdoar, mas eu simplesmente não quero fazer isso.*

— Mas naquela noite veio a compreensão: *Ele... me... ama!* Ele me ama como eu sou. E isso me transformou, de dentro para fora.

Foram necessários mais alguns anos para que eu abandonasse certos padrões de vida e fosse totalmente curada. Eu me odiei durante muito tempo. O fato de finalmente eu poder olhar no espelho e me amar não era menos que um milagre. Era a graça de Deus.

— Então, nestes dias há uma frase que costumo usar. Pois posso dizer honestamente que não há um único evento na minha vida que não tenha contribuído para o meu bem. Por quê? Porque tudo na minha vida me levou a Jesus.

— Isso é radical, Stephanie, se levarmos em conta tudo o que você passou.

— Talvez seja, mas é por isso que eu vivo. De fato, esta é a parte principal do meu ministério hoje. Aconselho muitas mulheres que sofreram abuso e estão procurando uma solução definitiva. Talvez isso aconteça para algumas delas — espero que sim. Mas, quanto a mim, só vai acontecer no céu.

— E, quando você chegar lá... — indaguei —, ... o que vai querer perguntar a Jesus?

Stephanie se acomodou em sua poltrona. Ela olhou pela janela, admirando o crepúsculo da tarde afugentar o cinza do Oregon, e então olhou de volta para mim.

— Sabe de uma coisa? — ela disse, com seu sorriso gentil. — Algumas pessoas dizem que farão milhares de perguntas quando chegarem ao outro lado. Tudo bem. Mas eu não penso mais assim. Entendi que, quando chegar do outro lado, não precisarei mais de respostas.

Balancei a cabeça e concordei. — Acho que entendo você. — Mas sua história é tão diferente da minha que não posso imaginar como você conseguiu processar tudo isso.

Ela tomou um gole de café de uma xícara que estava na mesa ao seu lado. — Talvez tenhamos mais em comum do que você pensa — ela observou.

Não tenho certeza do que ela quis dizer. Em uma conversa anterior, em resposta às perguntas de Stephanie sobre a minha origem, eu havia mencionado as questões que me levaram a investigar a graça, mas ainda não conseguia entender a conexão à qual ela se referia.

— A Bíblia fala sobre órfãos, mas algumas vezes ela usa a expressão "sem pai" — ela disse. — É como se o seu pai o tivesse protegido e sido providente para com você. Acredite em mim, isso é bom. Você deve ser grato por isso, como tenho certeza de que você é. Mas, mesmo assim, uma pessoa pode ser órfã no coração.

Órfã no coração. Estremeci. Suas palavras penetraram o íntimo do meu ser.

— E é isso o que Deus pode providenciar — ela disse. É aí que a graça acontece. Como diz o salmo, "tu és o protetor do órfão".[3]

Adotada por Deus

No dia seguinte, enquanto eu voava de volta para Denver, senti como se tivesse olhado nos olhos da graça. Houve época em que Stephanie não confiava em ninguém, não tinha esperança e sempre se preparava para o pior, mas hoje seu olhar é terno, gentil e serenamente confiante. Tal transformação notável aconteceu primeiro por causa de um pai que sacrificou seu sonho de ter um filho do sexo masculino e a resgatou quando ela era uma "intocável", e depois por causa de um Pai que sacrificou seu próprio Filho para derramar sobre ela um amor redentor e curador.

Atualmente Stephanie aconselha jovens destruídas pela vida, compartilhando com elas sua história e sempre apresentando como conclusão a mais improvável das declarações: *Quanto a mim, posso dizer honestamente que não há um único evento na minha vida que não tenha contribuído para o meu bem.*

Por telefone, compartilhei os detalhes da nossa conversa com Mark Mittelberg, amigo de longa data, e poucos dias depois nos encontramos para almoçar em um café empoeirado em Front Range, Colorado.

[3] Salmos 10.14.

— Você se lembra disto? — Mark perguntou, jogando na mesa um livro com as orelhas amassadas.

Eu peguei o livro e sorri. Era uma edição de 40 anos de *O conhecimento de Deus*, o clássico do teólogo J. I. Packer, uma obra com muitos *insights* que utilizei nas minhas pesquisas ao começar a investigar o cristianismo e que se manteve na minha estante por décadas.

— É claro que me lembro — respondi, enquanto folheava o livro, que tinha frases grifadas e estrelinhas desenhadas nas margens. — Eu me lembro deste livro que me esclareceu tantas coisas, mas não me lembro de nenhum detalhe especificamente. Por que você o trouxe?

— Por causa do que você me contou a respeito de Stephanie — ele disse. — Você não se lembra? Um dos principais argumentos de Packer é que você não conseguirá apreciar plenamente a graça se não levar em conta a adoção. Aqui... veja isto — ele disse, tomando o livro de volta, abrindo em um lugar onde havia um marcador de página e lendo: "Se você quer julgar quão bem uma pessoa entende o cristianismo, descubra o que ela pensa a respeito de ser filho de Deus e de ter Deus como Pai. Se esse não é o pensamento que impele essa pessoa e controla seu culto e suas orações, e toda a sua vida, isso significa que essa pessoa não entende bem o que é o cristianismo".[4]

Ele colocou o livro sobre a mesa. — Você não percebe? Sua vida tem sido uma busca constante pela graça, e você viu um quadro único da graça na vida de Stephanie. Ela foi adotada duas vezes, e ambas as adoções a cercaram de graça. Foi isto que ressoou em você: o encontro dela com o amor definitivo de um Pai perfeito.

Mark tinha razão, e isso ficou claro como cristal para mim. O que verdadeiramente me cativa a respeito da graça é que Deus não apenas apaga os pecados pelos quais eu mereço castigo, mas ele se torna o

---

[4] PACKER, J. I., **Knowing God.**, p. 182. As referências às páginas do livro de Packer neste capítulo correspondem à edição em inglês. [N. do T.]

meu Pai amoroso e compassivo, e essa aceitação divina preencheu um coração deixado ressecado pelo meu pai terreno.

A verdade é que Deus poderia ter perdoado o meu passado, assegurado a garantia do céu e ainda assim estar distante de mim. Ele poderia ter me tornado um mero servo do seu reino — e isso já seria mais do que eu mereço. Mas a graça divina é muito mais extravagante.

"Estar em um relacionamento com Deus, o juiz, é uma grande coisa", escreve Packer, "mas ser amado e cuidado por Deus o Pai é algo maior ainda".[5]

É claro que há muito tempo eu entendia a teologia por trás da adoção. Quase dois anos depois de me satisfazer intelectualmente e compreender que o cristianismo é verdadeiro, o último versículo que li antes de entregar a minha vida a Jesus foi João 1.12: "Contudo, aos que o receberam, aos que creram em seu nome, deu-lhes o direito de se tornarem filhos de Deus".

Filhos de Deus — sim, há muito eu entendia que a graça de Deus nos convida a fazer parte de sua família eterna. Mas foi naquele dia, assentado naquele café, que a graça da adoção me atingiu de maneira renovada e me marcou profundamente. As peças do quebra-cabeça se encaixaram mais adequadamente que nunca.

"É como um conto de fadas", escreveu Packer. "O monarca soberano adota meninas abandonadas para torná-las princesas — mas, glória a Deus, isso não é um conto de fadas: é um fato sólido e concreto, baseado no fundamento da graça livre e soberana. É isso, e nada menos que isso, o que significa adoção. Não é de admirar que João exclame: "Vejam como é grande o amor que o Pai nos concedeu!".[6] Quando você entender o significado da adoção, o seu coração exclamará do mesmo modo.[7]

---

[5] Ibid., p. 187-188.
[6] 1João 3.1. [N. do R.]
[7] Ibid., p. 196.

A minha mente se deleitava com a imagem de Stephanie correndo para casa com alegria irreprimível, declarando para si mesma: *Sou filha deles, sou filha deles! É por isso que sou tratada desse jeito. É por isso que eles não batem em mim. É por isso que ninguém me chama de* toogee. *Sou filha deles!*

Eu precisava desesperadamente absorver essa verdade outra vez: recebi mais do que perdão. Sou mais do que um servo. Sou adotado por um Pai cujo amor é perfeito, cuja aceitação é incondicional, cuja afeição é infinita e cuja generosidade é ilimitada. Um Pai que é pai *para* mim... e para sempre.

Enquanto eu tentava assimilar tudo isso no meio daquele café lotado, um sorriso amplo se abriu no meu rosto. Eu não podia esconder a celebração que irrompia dentro do meu ser. Mais uma vez, eu me descobri correndo de volta para o Lar.

Sou filho dele, sou filho dele! Oh, é por isso que sou tratado desse jeito. Sou filho dele!

Capítulo Três

O viciado
....
Podemos escapar para a liberdade da graça

> "A graça é selvagem. A graça desestabiliza tudo. A graça transborda. A graça atrapalha seu cabelo. A graça não é domesticada [...]. Se não deixamos os devotos nervosos, não estamos pregando a graça como deveríamos."
>
> — Doug Wilson[1]

Coração acelerado, corpo suando em bicas, mente confusa e desorientada, e o adolescente lentamente começa a recobrar a consciência. Ele não sabia ao certo onde estava. Gastou toda a energia de que dispunha apenas para rastejar para fora da cama. Ao olhar para o espelho, teve dificuldade de reconhecer a imagem refletida — estava abatido, com os olhos fundos e a expressão perdida. Após o coquetel de drogas que havia consumido, ele estava surpreso por ainda continuar vivo.

Foi quando ele começou a fazer algo que somente outro viciado poderia entender: misturou as drogas que haviam sobrado, suspirou e enfiou a agulha mais uma vez no braço.

Preciso morrer, ele murmurou. *Não tenho nada contra a morte.*

Se havia alguém que precisava da ajuda de Deus, era aquele texano de 17 anos de idade. Após quatro anos mergulhado em um

---

[1] WILSON, Douglas, "Bones and Silicon". Blog & Mablog, <http://dougwils.com/s7-engaging-the-culture/bones-and-silicon.html>. Acesso em: 2 fev. 2014.

inferno de cocaína e metanfetaminas, ele corria em direção a uma morte prematura.

Então, o que acontece com um ladrão de carros, um ladrão de lojas, um vagabundo, usuário de drogas que começa a injetar metanfetaminas antes de ter idade para tirar a carteira de motorista? Pois bem, lá estava eu, assentado com ele em seu escritório, dentro de uma megaigreja localizada em Las Vegas, a meca do vício no mundo.

Sim, agora era um pastor de igreja. E, por causa de suas experiências, assumira uma atitude generosa para com aquela metrópole apelidada de "Cidade do Pecado". A parede de seu escritório era dominada por uma enorme fotografia da Las Vegas Strip,[2] na qual predominavam os tons cinza e laranja do crepúsculo. Gravadas em letras garrafais apareciam as palavras "Cidade da Graça". E, na parte inferior, as palavras de Romanos 5.20: "[...] Mas onde aumentou o pecado, transbordou a graça".

Pecado e graça: eu sabia que estes temas eram centrais na história de Jud Wilhite, mas durante os anos da nossa amizade ele compartilhou comigo detalhes de seu resgate do limiar da morte induzida pelas drogas. Eu estava ansioso para ouvir o que tinha acontecido, mas viajei a Las Vegas para mais que isso, porque há outra dimensão na jornada de Jud que me deixava particularmente intrigado.

Isso envolvia o que aconteceu *depois* que Jud foi adotado pela graça na família de Deus. Logo ele descobriu que trocara um vício por outra compulsão. Dessa vez, eram o fingimento e o legalismo que ameaçavam sufocar sua fé, assim como acontecera comigo.

Com o passar do tempo, ambos chegamos ao lugar onde precisávamos desesperadamente de um derramar renovado da graça de Deus.[3]

---

[2] Las Vegas Strip é a região onde se concentram os cassinos em Las Vegas. [N. do T.]
[3] Entre os livros de Jud Wilhite nos quais ele compartilha partes de sua história, podem ser citados: **Uncensored Grace**. Colorado Springs, CO: Multnomah, 2008, com Bill Taaffe; **Uncensored Truth**.

Apanhado pelas drogas

Quando Jud tinha 12 anos, ele se juntou a um grupo de estudantes que passeavam fora da escola, em frente a um boteco, na hora do almoço. Foi ali que ele começou com as drogas.

— Não era uma questão de sentir os efeitos da droga — ele relembra. — Era mais uma questão de autoestima e do desejo de ser aceito pelos garotos mais velhos.

Até hoje Jud aparenta ter menos que seus 42 anos. Seus óculos pretos de aro grosso, seus cabelos ligeiramente espetados e suas roupas pretas lhe dão um aspecto descolado; certa vez, um jornalista disse que ele se vestia como um assessor de grupos de *rock*. Casado com Lori por mais de dezessete anos, eles têm um filho e uma filha, ambos com quase a mesma idade que Jud tinha quando fumou maconha pela primeira vez.

Jud me disse que "todos os viciados contam a mesma história": — Quando as coisas começam, você frequenta festas, e as drogas o fazem se sentir bem, como se você fosse mais livre e pudesse se comunicar melhor. Mas, em pouco tempo, você não vai mais a festas, porque vive jogado em um quartinho qualquer, fazendo o que de pior existe. Você está a caminho da cadeia, da morte ou da insanidade — uma dessas três opções. A não ser que você se liberte, é exatamente o que vai acontecer. E não demorou muito para eu conhecer aquele quartinho.

Era fácil encontrar drogas em Amarillo, onde Jud cresceu. Ele era o quarto filho, com um grande intervalo entre ele e o irmão mais velho — como na minha família. Seu pai era um sargento do Exército já aposentado, que participara da Batalha de Bulge[4] e mais tarde se tornou o bem-sucedido proprietário de uma empresa de refrigeração.

Corona, CA: Ethur, 2010; **Pursued:** God's Divine Obsession with You. New York, NY: Faith Words, 2013; **Throw It Down:** Leaving Behind Behaviors and Dependencies that Hold You Back. Grand Rapids, MI: Zondervan, 2011; e **The God of Yes**. New York, NY: Faith Words, 2014.

[4] A Batalha de Bulge foi uma sangrenta ofensiva militar do exército alemão contra as forças aliadas nos últimos meses da Segunda

— Quando você era menino, seus pais o levavam à igreja? — perguntei.

— Sim — ele disse. — Eu falava que ia para o grupo de jovens, mas escapava e ficava num beco fumando até que o culto acabasse. Ao final, eu os encontrava no carro.

— Mas eles lhe perguntavam a respeito da reunião do grupo de jovens?

— Oh, claro. Eles questionavam: "O que você aprendeu hoje?". Eu dizia: "Jesus". Eles insistiam: "Mas o que você aprendeu a respeito de Jesus?". E eu completava: "Que ele me ama". Eu achava que era isso que eles queriam ouvir.

Maconha e bebidas levaram a anfetaminas e cocaína. Sua vida perdeu o controle. A polícia o prendeu depois que ele foi pego roubando uma loja. Quando ele estava com 14 anos, ele e alguns amigos tarde da noite roubaram o carro de um vizinho e foram dar uma volta, com Jud ao volante, até serem pegos por seu pai.

Por quatro anos, desde que deu sua primeira tragada em um cigarro de maconha, sua vida se tornou uma confusão. — Eu não sabia o que era passar uma semana sóbrio — ele confessou.

Gesticulando como se estivesse tocando guitarra, em frente a um instrumento exposto em sua parede, uma lembrança de seus tempos em um grupo de *rock*, ele continuou: — Era como Johnny Cash disse. Depois da primeira vez, tudo o que ele queria era experimentar de novo aquela sensação provocada pelas drogas. Mas a única coisa que se consegue é afastar-se cada vez mais de Deus e das pessoas. Era exatamente o que estava acontecendo comigo.

"Não posso fazer isso sozinho"

Depois de acordar de sua overdose e ingerir o restante de suas drogas, Jud recobrou e perdeu a consciência, algumas vezes vomitando

---

Guerra Mundial. Houve pesadas baixas de ambos os lados, mas os alemães foram finalmente derrotados. [N. do T.]

violentamente, enquanto segurava o para-choque do carro, até se ver finalmente vencido pela exaustão, caído no chão de seu quarto escuro.
— De certa forma, eu estava desafiando a morte.
— Eu era um bobo — ele analisou. — Tive várias oportunidades. Tive uma família que me amava. Mas fui completamente enganado pelo pecado. Olhei ao redor e me dei conta de que a minha vida era um desastre.

Nas semanas seguintes, enquanto continuava a fumar maconha — que era tão natural quanto respirar —, Jud contemplou seu futuro. Ele estava em uma encruzilhada.

— Eu estava na iminência de um colapso — ele disse. — Vivia cansado, praticamente esgotado. Eu odiava tudo o que fazia. Odiava as drogas, como a maioria dos viciados odeia. Sentia que o meu tempo estava acabando. Se eu continuasse naquele caminho, mais cedo ou mais tarde chegaria a um beco sem saída. Pela primeira vez, entendi que não tinha forças para interromper o ciclo de desespero e culpa.

— O que você fez então?

— A única coisa que eu *podia* fazer: clamei a Deus. Eu me ajoelhei no quarto e implorei: *Deus, me ajude! A minha vida está totalmente descontrolada. Preciso do Senhor!* Não foi uma oração eloquente, porém o que mais eu poderia dizer? Era a pura verdade.

— O que aconteceu depois?

— Bem, eu não ouvi vozes nem vi anjos. Mas, honestamente, o sentimento que inundava a minha alma era: *Seja bem-vindo!* Eu sentia que tinha chegado ao meu lugar.

— E aquele foi o início da virada na sua vida?

— Com certeza. Na manhã seguinte, coloquei toda a parafernália das drogas no meu carro e dirigi em uma rodovia a uma velocidade de mais ou menos 100 quilômetros por hora. Pensei: *Isto é real agora. O que vou fazer?* Senti Deus me dando coragem para pegar todo aquele material das drogas e jogar tudo pela janela. E foi o que fiz. Nunca mais voltei atrás.

— Você sofreu crise de abstinência?

— Durante alguns dias, eu transpirava muito, sentia a pele grudenta, fiquei nervoso e mal-humorado — ele respondeu. — Mas eu sabia duas coisas: a primeira era que eu não podia retroceder. Isso simplesmente não era uma opção. E eu sabia que não poderia seguir em frente por minha própria conta. Precisava de uma força superior à minha vontade fraca. Todo dia eu lutava contra o desejo de experimentar outra "viagem". Era uma luta; e, durante muito tempo, foi extremamente difícil.

— Como você conseguiu superar isso?

— Várias vezes, eu murmurava uma oração: *Eu não consigo fazer isso sozinho. Deus, me ajude. Se o Senhor não se manifestar na minha vida, estou acabado.*

— E ele se manifestou?

Jud sorriu e depois deu uma gargalhada. — Sim, ele o fez, mas não da maneira que eu esperava.

— Como? — perguntei.

— Por meio da igreja.

Resgatado pela graça

Jud Wilhite estava acostumado a andar pela Igreja Cristã de Hillside em suas incursões no beco enquanto seus pais participavam do culto. Mas, pela primeira vez, ele caminhou pelo estacionamento até o santuário por vontade própria. Ele não estava lá porque acreditava plenamente na mensagem cristã; ainda não, absolutamente. Sabia apenas que sua vida estava uma confusão total, e ele não seria capaz de vencer seu vício por conta própria.

Jud descobriu um espaço onde alguns jovens se reuniam semanalmente para fazer um estudo bíblico. Nessa pequena comunidade de cristãos, ele encontrou Jesus.

— De certa forma, eles eram os excêntricos, pessoas que não se encaixam em um grupo de jovens regular — disse ele. —

E, francamente, eu também era assim. Alguns deles sabiam do meu vício, mas a maioria não. Mas eu não me importava. Eles sabiam sem saber... você entende o que quero dizer? E eles me proporcionaram um lugar seguro.

— Eles demonstraram graça a você.

— Exatamente. Eles não me julgaram nem me condenaram. Não fizeram muitas perguntas sobre o meu passado ou sobre as coisas com as quais eu me envolvera. Não me trataram como se eu fosse um réu num tribunal. Eles me deram a liberdade de lhes dizer apenas o que eu sentia vontade de dizer. Eles me ouviam, me respeitavam e oravam por mim. Eles me dedicavam tempo. E me amaram como Jesus faria.

Jud Wilhite descobriu a Igreja.

Pelos seis meses seguintes, seu apetite por Deus se tornou insaciável. Quando voltava da escola, ele se trancava em seu quarto e lia a Bíblia de capa a capa. Encontrava os membros da igreja durante a semana. Em seu último ano na escola, a oração desesperada que ele fez em seu quarto foi por fim atendida. Ele estava "em casa", são e salvo.

A igreja se tornava cada vez uma família para ele. Um dia, enquanto caminhava pela rua, ele se encontrou com o pastor titular que vinha em direção oposta.

— Ei, Jud — ele disse. — Você já pensou em ser pastor? — assim, desse jeito, do nada.

O primeiro pensamento de Jud foi: *O que ele anda fumando?*

Mesmo assim, uma semente foi plantada. Os dois se encontraram mais tarde, e o pastor disse a Jud que Deus lhe dera a convicção de que um dia ele lideraria uma igreja.

— Como você reagiu a isso? — perguntei.

— Orei, pedindo duas coisas. Primeiro, que Deus me permitisse usar as minhas experiências para ajudar outras pessoas a encontrarem o mesmo tipo de graça que havia me resgatado. E, segundo, que ele me permitisse fazer isso através de uma igreja local, porque Deus usou a igreja para salvar a minha vida.

Naquele momento, Jud não previa o maior obstáculo que apareceria em seu caminho.

A religião.

Abandonando a fé

Impulsionado pelo reconhecimento em relação à graça de Deus, Jud se desenvolveu muito como cristão. Participou de um acampamento cristão, encontrou-se com alguns músicos e depois tocou baixo para uma banda de *rock* cristã. (— Qual era o nome da banda? — Por favor, não pergunte. — Estou falando sério. Qual era o nome? — Pausa. — Força Angelical. — Pausa embaraçosa. — OK, desculpe-me por ter perguntado.)

Mais tarde, ele se matriculou em uma faculdade cristã a fim de se preparar para ser pastor. No último ano do curso, ele assistia a aulas durante a semana, e aos domingos pregava em uma pequena igreja nos arredores de Dallas. Mas, em algum momento ao longo do caminho, o desejo sincero de servir a Deus se transformou em uma compulsão de provar ser bom o bastante para merecer o amor de Deus.

— Durante muito tempo, fracassei na minha família e com Deus. Então, depois que me tornei cristão, fiquei andando em círculos, mas sem me dar conta disso — ele explicou. — Eu me esforçava para agradar a Deus, como se tivesse de manter um bom padrão tentando ser um supercristão. Eu queria recuperar o tempo perdido e mostrar que Deus tinha razão em me salvar.

— O que você fazia?

— Eu jejuava por dias. Orava sem parar. Ajudava os sem-teto. Doei para os outros tudo o que eu tinha até que restaram apenas uma calça *jeans*, uma camiseta e um par de sapatos. As pessoas comentariam sobre o cristão maduro que eu era, e, sim, eu estava fazendo coisas boas, mas pela motivação errada. E eu queria que os outros fizessem sacrifícios como eu fazia. Quando isso não acontecia, eu os criticava. Virei um crítico idiota.

— Parece que você estava perdendo de vista as implicações reais da graça.

— Sim. Eu sabia que tinha sido salvo apenas pela graça de Deus, mas agora estava tentando conquistar a minha salvação. Jesus pagou a minha dívida, mas eu sentia que tinha de ressarci-lo. Não importava quanto eu ajudasse, orasse ou me sacrificasse, nunca era o bastante. Na minha mente, eu sempre falhava. Comecei a sentir que eu era um falso, como se eu fosse tão bom quanto a minha última atuação — e a minha última atuação nunca era boa o bastante.

Eu balançava a cabeça enquanto ele falava, porque me identificava com seu relato. Depois que a graça de Deus me libertou do ateísmo, eu estava cheio de uma energia sem limites para servir a Jesus e falar aos outros a respeito dele. Deixei a minha carreira de jornalista e assumi uma perda de 60% no salário ao me tornar parte da equipe pastoral de uma igreja, na qual eu me sentia maravilhado em investir as melhores horas do meu dia.

Assim como Jud, eu sabia que tinha sido adotado como filho de Deus por sua graça livremente oferecida, mas logo percebi que tentava febrilmente provar que Deus tinha feito a escolha certa. Afinal de contas, eu precisava demonstrar através do meu ministério que era bom o bastante para Deus. Apesar de soar como algo estranho, eu trabalhava na igreja até mais do que deveria, para justificar a redenção que eu nunca mereceria.

Certa noite, recebi um telefonema de Bill Hybels, o pastor titular da igreja. Ele disse: — Ouvi algo desagradável a seu respeito.

Levei um grande susto. — O quê?

— Ouvi que você está trabalhando 60 a 70 horas por semana na igreja. Que você fica na igreja até tarde da noite e fica o domingo inteiro por lá.

Honestamente, fiquei inchado de orgulho. *É isso mesmo*, eu queria dizer. *Sou o membro mais dedicado da sua equipe pastoral.*

Finalmente, chegou o momento de receber reconhecimento e gratidão — senão diretamente de Deus, então que seja pelo menos do meu pastor.

Eu disse com alguma modéstia: — Bem, estou trabalhando duro...

Ele, porém, mudou o tom de voz. — Se você continuar desse jeito, será dispensado.

— O quê?

— Algo que não é saudável está motivando você a agir assim. Não há nada que você faça que leve Deus a amar você mais do que ele já ama. Você precisa descansar nisso. Caso contrário, não tomarei parte nessa autodestruição.

Contei a Jud a minha história, e agora era ele que balançava a cabeça enquanto dizia: — Essa é a armadilha de atuação na qual tantos cristãos caem. É a rigidez da religião: seguir perfeitamente todas as regras para fazer Deus feliz e condenar os outros porque eles não estão se esforçando tanto quanto você. Cheguei a um ponto em que estava exausto, frustrado e miserável.

— O que você fez então?

Jud levantou as mãos. — Desisti.

— Você desistiu? Como?

— Um dia, eu disse: *Deus, não sou bom o bastante. Antes de mais nada, não sou um frequentador de igreja. Pela sua misericórdia, sou um ex-viciado. Não posso fazer todas essas coisas cristãs. Desisto.*

Saindo da esteira

Jud estava descrevendo uma epidemia no cristianismo.[5] "Somos salvos pela graça, mas vivemos pelo 'suor' da nossa atuação", observou o escritor Jerry Bridges.[6] Muitos cristãos, disse Walter Marshall,

---

[5] V. Tchividjian, Tullian. **One Way Love:** Inexhaustible Grace for an Exhausted World. Colorado Springs, CO: David C. Cook, 2013.
[6] Bridges, Jerry. **Transforming Grace:** Living Confidently in God's Unfailing Love. Colorado Springs, CO: NavPress, 1991. p. 9-10.

são viciados na salvação pelas obras e "acham difícil crer que você pode ganhar bênçãos se não fizer por merecer".[7] Ken Blue creditou suas úlceras hemorrágicas, seus problemas no casamento e a depressão aos anos de intenso esforço religioso para que Deus lhe desse uma nota de aprovação como pastor.[8]

Alguns, como Jud, decidem simplesmente desistir, exaustos e exasperados. — Pensei em mudar a minha área de especialização na faculdade e tentar outra carreira — disse Jud. — Eu disse a Deus: *Ainda amo o Senhor, mas, por favor, não me peça mais nada.*

Imaginei o que teria acontecido se Jud continuasse naquele caminho. No que teria se transformado a igreja onde estávamos, uma cidadela de esperança e graça, cujo endereço é, adequadamente, Estrada do Novo Começo?

— O que fez você mudar de ideia? — perguntei.

— Um dia eu estava lendo 1João 4.10, que diz: "Nisto consiste o amor: não em que nós tenhamos amado a Deus, mas em que ele nos amou e enviou seu Filho como propiciação pelos nossos pecados". A mensagem que ficou registrada foi: *Isso tem a ver com Deus*. O que eu sinto a respeito de Deus não é tão importante quanto o que Deus sente a meu respeito. Não importa quão bom eu tente ser; o que importa é quão bom Deus é. Em primeiro lugar, ele nunca exigiu que eu me tornasse um supercristão; tudo o que ele pediu em troca é que eu o amasse. Isso foi transformador para mim.

— Tudo retorna à questão da graça.

— É verdade. Tudo de que precisamos quando nos voltamos para Jesus é de sua graça, e graça é tudo de que precisamos para crescer em Cristo. A graça nos liberta. Nossa tendência ao desempenho nos aprisiona.

---

[7] MARSHALL, Walter; McRAE, Bruce H. **The Gospel Mystery of Sanctification**. Eugene, OR: Wipf and Stock, 2004. p. 117.

[8] V. BLUE, Ken; SWAN, Alden. **The Gospel Uncensored**. Bloomington, IN: WestBow Press, 2010. p. 8-9. Blue descreve como Deus renovou sua fé através do estudo de Gálatas.

— Essa é a mensagem de Gálatas — sugeri.

— Sim, Paulo estava advertindo os gálatas quanto aos falsos mestres, que estavam pregando que, além da fé em Cristo, eles precisavam viver de acordo com regras e regulamentos religiosos. Paulo parou de tentar cumprir essas exigências a fim de que pudesse viver para Deus.[9] O propósito da Lei sempre foi nos levar além de nós mesmos, até aquele que nos dá vida pela graça.

— Tentar viver por regras minou os gálatas espiritualmente. Paulo lhes perguntou: "Que aconteceu com a alegria de vocês? [...]".[10] E disse que eles eram tolos porque, depois de terem começado com o Espírito, agora estavam tentando "se aperfeiçoar por esforço próprio".[11] Segundo Paulo, é a graça de Deus que conduz à liberdade. "[...] não se deixem submeter novamente a um jugo de escravidão."[12]

Jud estava certo. Não foi por acidente que Paulo abriu e encerrou sua carta aos Gálatas usando a palavra "graça".[13]

A percepção que libertou Jud foi semelhante à que conduziu a minha recuperação do vício do trabalho espiritual depois de eu ter sido confrontado pelo meu superior anos atrás. Vim a entender que Deus não me ama porque me faço valioso através do serviço; pelo contrário, sou valioso porque sou amado por Deus. Eu poderia parar de trabalhar como um escravo para me justificar; precisava apenas reconhecer — e celebrar — a minha adoção como filho de Deus. O meu desejo de amar e servir a Deus de maneira saudável me libertaria daquilo.

— Então, como os ensinos da Bíblia mudaram você? — perguntei a Jud.

---

[9] "Pois, por meio da Lei eu morri para a Lei, a fim de viver para Deus. Fui crucificado com Cristo. Assim, já não sou eu quem vive, mas Cristo vive em mim. A vida que agora vivo no corpo, vivo-a pela fé no filho de Deus, que me amou e se entregou por mim" (Gálatas 2.19,20).
[10] Gálatas 4.15.
[11] V. Gálatas 3.3.
[12] V. Gálatas 5.1.
[13] V. Gálatas 1.3 e 6.18.

— Depois de ter descoberto a beleza da graça, comecei a descansar na fé. Voltei a desfrutar do amor de Deus, em vez de me sentir como se tivesse de provar alguma coisa para ele. Tal como Jesus disse: "Venham a mim, todos os que estão cansados e sobrecarregados, e eu darei descanso a vocês".[14] A palavra "descanso" em grego significa "reviver" ou "restaurar". Deus oferece nos fazer reviver de dentro para fora, e foi isso que ele fez por mim.

— Eu me sentia livre para rir, para ser eu mesmo, para errar. Parei de policiar os outros e comecei a amá-los. Estava livre para ser compassivo com os feridos, aqueles cuja vida está destruída ou cujo estilo de vida é muito diferente do meu. Parei de pressionar a mim mesmo. Eu não sou perfeito, peco todos os dias, mas baixei as expectativas quanto a mim mesmo e quanto aos outros, e elevei as expectativas quanto a Deus e sua graça.

— Como pastor, isso mudou o modo de você pregar?

— Pastores devem ser cuidadosos. Encorajamos as pessoas a servir, a ofertar, a participar de pequenos grupos, a ler a Bíblia e assim por diante. Tudo isso é bom enquanto é feito por gratidão a Deus. Mas, se sutilmente comunicamos que esse é o caminho para alguém permanecer do lado de Deus, abrimos a porta para o legalismo.

— Eu estive lá — ele acrescentou. — E não quero voltar.

Errando no lado da graça

Por volta de 1900, bebidas alcoólicas e jogatina corriam soltas nos bares do "Quarteirão 16", um beco de Las Vegas, na Primeira Rua entre as avenidas Ogden e Stewart. Alguns bordéis funcionavam a todo vapor em quartinhos nos andares de cima e nos fundos desses bares, atendendo funcionários da estrada de ferro e viajantes. Foi ali que surgiu o apelido "Cidade do Pecado". Hoje, a região deu lugar a estacionamentos, mas a reputação de Las Vegas permanece.[15]

[14] V. Mateus 11.28.
[15] V. Kishi, Stephanie. Home of Sin City's Original Sin, **The Las Vegas Sun,** May 15, 2008.

— Nosso apelido veio de pecadores: bêbados, viciados, jogadores, fracassados, prostitutas, vigaristas — disse Jud. — Em outras palavras, pessoas a quem Deus ama.

Desde que Jud esbarrou na pequena comunidade de cristãos cheios de graça nos fundos da Igreja Cristã Hillside em Amarillo, ele tem tentado reproduzir as qualidades que encontrou por lá. Como líder da Igreja Cristã Central, ele cria um lugar seguro no qual pessoas que estão vagueando espiritualmente podem progredir no seu próprio ritmo em direção à mesma graça que o salvou do vício e do desespero.

Ele dá vazão a todo o seu entusiasmo quando descreve a ação divina em sua igreja. — Somos como uma unidade MASH.[16] Estamos na linha de frente como um verdadeiro hospital espiritual — explicou, dirigindo-se à beirada do sofá. — Quero dizer, as balas estão voando! Essas pessoas estão feridas, e nós precisamos ajudá-las. Algumas vezes, é uma espécie de triagem.

— O que é diferente em Vegas é que raramente tenho de convencer as pessoas de que o pecado existe. Elas acreditam nas trevas; elas as viram com os próprios olhos. Algumas pessoas não estão seguras quanto a existir um Deus, mas acreditam no Diabo. Muitas pessoas lidam com tanta culpa, vergonha e fracasso que pode levar anos até que elas permitam que a graça de Deus as inunde.

— Como você evita que elas se sintam culpadas a ponto de poderem crescer em direção a Deus? — perguntei.

— Eu tento, imperfeitamente, seguir o exemplo de Jesus. A Bíblia diz que ele "recebe pecadores e come com eles".[17] Agora, pense a respeito. Naquela cultura, jantar com alguém significava oferecer amizade. A palavra "receber" em grego significa que Jesus tinha grande prazer com eles. Jesus não se alegrava com o pecado, mas gostava

---

[16] MASH é a sigla em inglês para Hospital Médico Cirúrgico do Exército, utilizado pelo Exército dos Estados Unidos desde a Guerra da Coreia, no início da década de 1950. [N. do T.]
[17] V. Lucas 15.2.

de estar entre essas pessoas, talvez porque elas estivessem mais conscientes de sua depravação, diferentemente de muitos religiosos que a mascaram com sua hipocrisia.

— Pense na mulher samaritana que Jesus encontrou no poço.[18] De todas as pessoas no mundo, Deus poderia ter marcado um encontro com políticos, celebridades ou conquistadores militares, mas ele decidiu se encontrar com uma mulher que etnicamente não era totalmente judia, que já se divorciara cinco vezes e que agora estava morando com alguém — disse Jud soltando uma rápida risada.

— Jesus pede a ela: "Dê-me de beber". Oferecer algo de beber naqueles dias era um ato de amizade — Jud ressaltou. — Você pode fazer uma paráfrase da declaração de Jesus assim: "Você quer ser minha amiga?". Para mim, isso quer dizer que Deus ama as pessoas fracassadas, e ele as ama para restaurá-las. Olhe para a samaritana: ela foi transformada. Então, quando eu lido com pessoas, quero ter a atitude de Jesus, e é por isso que tento errar do lado da graça.

— O que você quer dizer com isso?

— Nenhum de nós sabe qual é a motivação do coração das outras pessoas. Podemos facilmente interpretá-las mal com base na sua aparência ou na forma de elas se vestirem. Então, se eu provavelmente errarei de qualquer maneira na minha primeira impressão, por que não conceder às pessoas o benefício da dúvida? Se eu tiver de escolher entre ser rigoroso e gracioso, escolho ser gracioso — porque foi assim que Jesus lidou comigo.

— É como diz o ditado: "Odeie o pecado, mas ame o pecador" — ressaltei. — Você acha que isso é realmente possível?

— Infelizmente, muitos cristãos odeiam o pecado *e* o pecador, e isso tem conferido à igreja uma péssima reputação. Mas C. S. Lewis argumentou que odiamos o pecado, mas amamos o pecador o tempo todo, na nossa própria vida. Em outras palavras, quando julgamos a

[18] V. João 4.1-42.

nós mesmos, sempre amamos o pecador a despeito do pecado que cometemos. Aceitamos a nós mesmos, mesmo quando não aprovamos o nosso comportamento.

Mais tarde, fui conferir as palavras de Lewis, que estão em sua obra clássica *Cristianismo puro e simples*. "Não importa quanto eu desgoste da minha própria covardia, prepotência ou cobiça, continuo amando a mim mesmo", escreveu Lewis. "Nunca tive a menor dificuldade em fazer isso."[19]

Graça e verdade

Quando eu era um explorador espiritual, investigando se o cristianismo fazia sentido, precisei de tempo para cumprir a minha jornada até Jesus. Quase dois anos se passaram entre o momento em que entrei em uma igreja em Chicago e o momento em que recebi Jesus como o meu líder e aquele que me perdoou. Ao longo do caminho, também precisei ser confrontado periodicamente pelos ensinos duros da Bíblia sobre pecado, confissão, arrependimento, julgamento — e sim, até mesmo sobre o inferno.

— Jesus foi um exemplo da graça, mas também incorporou a verdade — eu disse a Jud. — A Bíblia diz que a Lei foi dada por intermédio de Moisés, mas a graça e a verdade vieram por intermédio de Cristo.[20] Por acaso, você está ocultando as verdades mais desafiadoras da Bíblia para manter as pessoas frequentando a sua igreja?

O sorriso de Jud foi espontâneo. Ele declarou: — Estou aberto a usar qualquer metodologia legítima para alcançar as pessoas com o evangelho, mas teologicamente sou conservador. Algumas vezes, quando críticos veem uma igreja grande, eles caçoam dizendo: "Se eles estivessem pregando a verdade, não atrairiam grandes multidões". Mas isso não é verdade.

---

[19] Lewis, C. S. **Mere Christianity**. New York, NY: McMillan, 1960. p. 105-106. [**Cristianismo puro e simples**. São Paulo: Martins Fontes, 2009.]
[20] V. João 1.17.

Jud se assentou e cruzou as pernas. — Encontro orientação nas cartas que Paulo escreveu à igreja dos coríntios, porque há similaridades entre a antiga Corinto e a moderna Vegas.

— De que tipo?

— Corinto era a Cidade do Pecado daquele tempo, uma espécie de meca dos turistas. Havia tal identificação da cidade com a imoralidade sexual que Platão certa vez se referiu a uma prostituta como sendo uma "garota de Corinto".[21] Aristófanes até usou o nome da cidade para criar um verbo grego que significa "fornicar".[22] A igreja de Corinto estava cheia de pessoas envolvidas em uma jornada espiritual, mas que ainda não haviam chegado a seu destino. Havia brigas, discussões e imoralidade entre os membros, uma confusão total. Então, o que Paulo fez? Como ele se dirigiu a eles?

— Primeiro, Paulo enfatizou a graça; de fato, ele menciona a graça duas vezes nos versículos iniciais de 1Coríntios.[23] E, de maneira graciosa, mas muito específica e direcionada, o apóstolo continua a confrontar os coríntios e a ensiná-los sobre vários aspectos, desde o comportamento sexual até processos legais e casamento.

— E, em segundo lugar, ele baseia tudo na verdade — especificamente, na realidade da ressurreição de Jesus. Paulo diz que, se Jesus verdadeiramente não ressuscitou dentre os mortos em um evento real da História, a nossa fé é inútil e estamos presos sem esperança aos nossos pecados.[24]

— Vejo a graça e a verdade como dois lados da mesma moeda. Se o cristianismo não é verdadeiro, se não é literalmente realmente verdadeiro, então a graça não tem sentido. É apenas uma promessa

---

[21] V. Murphy-O'Connor, J. Corinth, **The Anchor Bible Dictionary**. New York, NY: Doubleday, 1992. v. I. p. 1135,1136. Para uma comparação entre Corinto e Las Vegas, v. Wilhite, Jud; Taaffe, Bill, **Uncensored Grace**, p. 68.
[22] *Korinthiazesthai.*
[23] 1Coríntios 1.3,4.
[24] "E, se Cristo não ressuscitou, inútil é a fé que vocês têm, e ainda estão em seus pecados" (1Coríntios 15.17).

vazia ou a expressão de um desejo. E o que resta é o que o teólogo Richard Niebuhr chamou de "um Deus sem ira que levou um homem sem pecado a um reino sem julgamento pela ministração de um Cristo sem cruz".[25]

— Então, você prega o que a Bíblia ensina sobre imoralidade sexual na capital do sexo nos Estados Unidos?

Ele riu. — Justamente neste último final de semana, preguei sobre pureza sexual. Eu disse à igreja: "Vejam, se vocês estão lutando com o pecado sexual, precisam correr dele, mas não corram de Deus". Eu não escondo o que a Bíblia ensina, mas também dou espaço para que as pessoas processem isso. Eu digo: "Se vocês estão iniciando uma jornada espiritual, precisam saber que Deus ama vocês mesmo em meio aos seus pecados".

— Agora, isso pode ofender alguns críticos, que pensam que você precisa intimidar todos para provar ao mundo que é um legítimo defensor da verdade. Ao contrário disso, quero falar a verdade bíblica de maneira acurada, mas também graciosa e encorajadora.

— Você vê, queremos que as pessoas embarquem em uma jornada, mas não queremos que elas fiquem vagueando sem rumo, sem direção. Queremos guiá-las com a Palavra de Deus. Para nós, há sempre um destino em mente, e esse destino é a cruz. É lá que queremos ver as pessoas chegarem, recebendo perdão e esperança por intermédio da morte expiatória de Jesus.

Viciado na graça

Jud olhou para o pôster da Las Vegas Strip abaixo das palavras "Cidade da Graça". Organizou seus pensamentos e depois contou a história de uma mulher que frequentou sua igreja durante um período.

— Vou chamá-la de Sadie — Jud mencionou. — Ela dançava no mundo do entretenimento adulto, que nada mais é que um eufemismo

---

[25] NIEBUHR, H. Richard. **The Kingdom of God in America**. New York, NY: Harper & Row, 1959. p. 193.

para referir-se a uma dançarina de *striptease*. Algo a impulsionou a ir a nossa igreja. Ela dançava a noite inteira, até as primeiras horas do domingo, e depois seguia para o culto da manhã.

— No início, ela se assentava nos bancos mais distantes. Com o tempo, começou a se achegar um pouco mais à frente, até que por fim ocupava a primeira fileira. Ela mergulhou em tudo. Ouviu a respeito da graça e da verdade. Examinou sua própria vida. Sentiu o Espírito trabalhando em seu coração. E calculou o custo de uma conversão. Então, num domingo ela me procurou após o culto e disse que queria se tornar cristã.

— A jovem me contou toda a sua história, sem esconder nada. Quando terminou, questionei: "Se você tomar a decisão de seguir Jesus, o que isso significará para você?". E ela não titubeou: "Isso afetará a minha carreira e a minha renda; mudará toda a minha vida". Então, a desafiei: "Bem, o que você está esperando?". E a resposta dela foi firme: "Estou pronta".

— A partir daí, ela começou a orar. Não foi uma oração cuidadosa, bem ordenada, mas uma confissão bruta, seguida por um arrependimento sincero e uma aceitação encantadoramente pueril do dom da graça de Deus.

— Quando ela pronunciou "Amém", abrimos os olhos. Seu rímel estava todo borrado; lágrimas desciam por sua face. Ela se aproximou para me dar um abraço, e tudo o que conseguiu dizer foi "Obrigada, obrigada, obrigada!".

Jud sorria enquanto relembrava o encontro. Permaneceu quieto por um instante, como se não soubesse o que dizer. Finalmente declarou: — Eu me lembro de quando eu era um jovem pastor de uma pequena igreja na época do seminário, e tive de lavar cuidadosamente o batistério porque havia muito tempo que ele não era usado.

— Aqui em Vegas, batizamos quase 2 mil pessoas no ano passado. Cada uma delas, como Sadie, tem uma história. E, na maior parte das vezes, são histórias sujas; algumas vezes, *muito* sujas. Mas cada uma das histórias é importante para Deus.

Ele sorriu e concluiu: — Acho que, de certa forma, ainda sou um viciado. Sempre quero mais dessa adrenalina.

Capítulo Quatro

O professor
A graça não se compara a nada no mundo

> "Eu dependo da graça. Depende do fato de Jesus ter levado os meus pecados na cruz, porque ele sabe quem eu sou, e espero não depender da minha própria religiosidade."
>
> — Bono[1]

Craig Hazen sempre foi o cara bacana. Inteligente, educado, engraçado, com espírito gentil e riso fácil, era o favorito dos professores no ensino médio porque — uma raridade entre adolescentes — realmente *gostava* de aprender. Quando ia à biblioteca, ele se sentia como se estivesse em uma caça ao tesouro.

Hazen era um *geek*[2] em ciências antes que o termo fosse inventado, trabalhando depois da aula como assistente de um médico e planejando uma carreira futura na área da pesquisa médica. Ele era bagunceiro, a ponto de ter provocado uma guerra de bolinhos que se tornou lendária na escola, mas também era esperto o bastante para lidar com tudo isso. Condecorações de honra ao mérito — isso não era problema para ele. O que o fascinava era o processo de descoberta.

E rapazes bacanas não precisam de Deus. Pelo menos essa era a opinião de Hazen. Quando adolescente, ele se tornou agnóstico,

---

[1] Assayas, Michka. **Bono:** In Conversation with Michka Assayas. New York, NY: TRiverhead Books, 2005. p. 204.
[2] A palavra *geek* não tem correspondente direto em português. É usada no inglês contemporâneo para se referir ao *nerd* aficionado por ciência e tecnologia. [N. do T.]

pensando que a ciência, não a teologia, tinha as chaves para o entendimento das grandes questões da vida.

Mesmo assim, havia a professora de química, que sempre afixava no mural de avisos da classe cartazes com mensagens em código a respeito de Deus; e ela ainda transmitia uma inegável sensação de paz que o intrigava. E havia ainda a moça bonita que o convidara uma noite para ir à igreja ouvir um jovem evangelista chamado Greg Laurie e um músico admirável chamado Keith Green.

Naquela noite, ao tomar assento em um banco da igreja, um ambiente com o qual não estava familiarizado, Hazen começou a analisar toda aquela situação como uma grande experiência. E se ele fosse à frente atendendo ao chamado do evangelista? O que ele perderia? O que ganharia? E como um cientista dinâmico resiste à chance de descobrir algo? Quem disse que não é possível colocar Deus em um tubo de ensaio?

Trinta e cinco anos depois, eu estava assentado com o dr. Craig James Hazen, em seu escritório atolado de livros nos arredores do *campus* da Universidade Biola, um bastião da academia evangélica em La Mirada, Califórnia.

Seguindo sua permanente paixão pela ciência, ele se graduou em biologia na Universidade Estadual da Califórnia, mas não parou por aí. Teve uma virada filosófica, liberando sua curiosidade sobre a diversidade de religiões ao redor do Planeta. Obteve o mestrado e depois o doutorado em ciências da religião pela Universidade da Califórnia em Santa Bárbara, e atualmente é professor em Biola, onde é também coordena o programa de mestrado em ciência e religião.

Mesmo sendo um cinquentão, Hazen conserva uma aparência juvenil e um entusiasmo contagioso pela descoberta. De vez em quando, seu lado não convencional volta a emergir — como quando se licenciou do cargo de editor de um grande periódico acadêmico na área de filosofia para escrever o romance *Five Sacred Crossings* [Cinco travessias sagradas], no qual ele explora criativamente temas espirituais.

Eu estava de viagem a San Diego quando decidi pegar a direção norte até Orange County e visitar Hazen, que me parecia ser a pessoa ideal para falar a respeito de duas questões que eu queria investigar.

A primeira era: O que dizer da pessoa de bem, do cidadão cumpridor das leis, aquele que obedece às regras e ajuda as senhoras idosas a atravessarem a rua, paga seus impostos e prefere refrigerante *diet* a tequila? Geralmente, as histórias que ouvirmos são de assassinos cruéis que viraram missionários ou de dançarinas de *striptease* que viraram professoras de Escola Dominical. Essas histórias impressionantes de transformação radical são o arroz com feijão do televangelismo cristão. A despeito de serem relatos inspiradores, o que dizer dos muitos e muitos que simplesmente tentam viver de modo decente, e geralmente conseguem? Como eles chegarão ao ponto de reconhecer que precisam da graça?

A segunda era: O que dizer das bilhões de pessoas honestas por todo o Planeta que buscam conforto em outras tradições religiosas? A graça é um componente universal da fé, encontrada com algumas variações em todas as religiões do Globo, ou será que esse conceito libertador da alma é uma oferta exclusiva do cristianismo?

Concluí que, de todas as pessoas que conheço, Craig Hazen, um pesquisador nato, teria as respostas.

Além da misericórdia até a graça

— Misericórdia e compaixão: elas surgem em praticamente todas as tradições religiosas — Hazen me disse enquanto nos assentamos em torno de uma mesa redonda rodeada por estantes lotadas de livros acadêmicos.

Balancei a cabeça e comentei: — Tenho pensado no islã e, mesmo que os muçulmanos vejam Alá como inflexível e distante, o *Alcorão* certamente fala a respeito de misericórdia e benevolência.

— É verdade, mas é importante entender que o conceito bíblico de graça vai muito além disso — ele completou. — Veja só, no cristianismo Deus não diz apenas "Não vou castigar você pelo que fez". Isso seria misericordioso. No entanto, ele dá um dramático passo além ao nos oferecer algo glorioso: perdão completo e vida eterna como pura dádiva.

— É como pais que pegam seus filhos fazendo algo errado, e não apenas não os castigam, mas lhes dão sorvete, porque os amam muito — disse ele, sorrindo. — É isso que a graça é: um dom maravilhoso que não merecemos e que não podemos conquistar de maneira alguma. É pródiga, é imerecida, é exagerada; é o favor imerecido que Deus concede livremente aos que desejam recebê-lo. Não podemos conquistá-la, não podemos pagá-la em retribuição, não temos nenhum crédito nela, mas Deus a oferece porque nos criou à sua imagem e quer ter relacionamento conosco por toda a eternidade. Essa é a boa-nova do evangelho. Mas, para entendê-la plenamente, é preciso compreender também as más notícias.

— Por "más notícias", você quer dizer pecado, certo? — eu disse.

— Exato. Você não pode ter um conceito forte de graça, a não ser que entenda realmente o pecado.

— E isso — observei — é um problema atualmente. Muitas pessoas perderam a noção de pecado.

— É mesmo. Tome como exemplo os mórmons. Eles não acreditam que existe um grande abismo entre os seres humanos e Deus. De fato, pensam que os seres humanos e Deus são da mesma espécie. Algo como, se você tomar vitaminas e coisas semelhantes, poderá se tornar um deus — disse ele com um risinho.

— Isso é um contraste total com o cristianismo.

— Sim, no cristianismo o abismo que os nossos pecados criam entre nós e Deus é simplesmente insuperável. Tentar cruzá-lo é o mesmo que pular o píer de Newport Beach e saltar até o Havaí — disse ele, gesticulando na direção geral do oceano Pacífico.

— Na primeira vez, você não chega muito perto; então você treina cada vez mais duro — ele continuou. — Você trabalha com os melhores saltadores em distância do mundo, compra pares novos de calçados para atletismo, levanta pesos e come apenas espinafre. E, no seu salto seguinte, você descobre que pulou 30 centímetros a mais. Excelente! Mas a distância ainda é muito grande. Para superar uma distância tão grande assim, é necessário que um ser todo-poderoso e completamente amoroso providencie uma ponte, e foi isso o que Deus fez pela cruz de Cristo. As pessoas não entendem isso em nossa cultura.

Certa vez o comediante ateu Ricky Gervais declarou que cumpre "dez entre dez" mandamentos de Deus.[3]

— Acho que esse é um reflexo da nossa cultura — opinei. — As pessoas não se veem como más e, portanto, não apreciam a magnitude da graça que Deus oferece. É isso o que você está dizendo?

— Sim, essa é *a* doença de hoje, especialmente na confortável América do Norte, onde perdemos a compreensão da santidade de Deus — ele respondeu. — Você se lembra de quando Pedro encontrou Jesus pela primeira vez? Pedro disse: "[...] Afasta-te de mim, Senhor, porque sou um homem pecador!".[4] Não penso que ele tivesse a menor noção que quem estava diante dele era o Filho de Deus; apenas percebeu que havia santidade ali e imediatamente se reconheceu como um ser miserável. Felizmente, havia um forte conceito de pecado no judaísmo, uma vez que era necessário fazer expiação pelo pecado, ano após ano; então, havia pelo menos uma base para que Pedro pudesse entender isso.

— Hoje, não temos essa base — disse ele. — O movimento de favor da autoestima nos ensinou que todo mundo é bom, todo mundo ganha um troféu. As pessoas pensam: *Não sou um assassino em série; portanto, sou uma pessoa maravilhosa!* Perdemos de vista a santidade de Deus e a profundidade do nosso próprio pecado — e é difícil ensinar essas coisas na nossa cultura.

---

[3] GERVAIS, Ricky. An (Atheist) Easter Message from Ricky Gervais, **The Wall Street Journal,** April 14, 2011.
[4] Lucas 5.8. O uso de "Senhor" aqui conota grande respeito; neste contexto, a palavra perde força confessional plena.

— O que você diz às pessoas que acreditam não precisar da graça? Como responder a alguém que declara: "Sou uma pessoa boa, sou como Deus; posso não ser religioso, mas sou muito espiritual"?

Hazen pensou por um momento. — Há uma técnica que o evangelista Ray Comfort usa. Ele pergunta às pessoas se elas vivem mesmo conforme os Dez Mandamentos. E então indaga: "Alguma vez você já mentiu?". E a pessoa responde: "Hum, já". Comfort continua: "Então, você é um mentiroso. Alguma vez você já roubou alguma coisa?". Eles dizem: "Bem, sim". E ele conclui: "Então, você é um ladrão". Ele prossegue com uma litania de pecados até que as pessoas admitam serem ímpias de muitas maneiras, mas é difícil que elas reconheçam essa condição.

— Essa é uma abordagem para ajudar as pessoas a perceber sua própria pecaminosidade a fim de que possam entender que precisam de perdão e graça. É difícil pensar seriamente sobre a graça até reconhecer que você fracassou moralmente e um dia terá de prestar contas a um Deus santo.

Ele encolheu os ombros e disse: — Concordo que a abordagem de Comfort é um tanto agressiva. Mas algumas vezes temos de encontrar maneiras para, existencialmente falando, sacudir as pessoas.

Garoto-propaganda da graça

Apontei para a Bíblia que repousava sobre a mesa entre nós dois. — Para você, qual é o ensino de Jesus que melhor explica a graça?

Hazen foi rápido na resposta. — A história do filho pródigo.[5] Ela é superior a qualquer outra. Mostra como não estamos apenas falando sobre misericórdia; estamos falando a respeito de Deus, que está singularmente focado em ter um relacionamento amoroso conosco e disposto a fazer qualquer coisa para isso.

— Nessa parábola, o filho toma sua herança e diz: "Vou seguir o meu caminho". O pai provavelmente dá um suspiro profundo e diz:

---

[5] V. Lucas 15.11-22.

"Oh, espero que um dia ele volte!". E, depois de uma vida desastrosa que ajuda o filho a entender a enormidade de seu pecado, ele *de fato volta*. Perscrutando o horizonte, o pai o vê e, sem um segundo de hesitação, corre para ele com um anel, um par de sandálias e uma festa. O pai não age com má vontade, simplesmente concedendo ao filho um *status* secundário como um empregado desfavorecido, mas prepara uma festa em sua homenagem e o restaura à posição de seu filho.

As sobrancelhas de Hazen se ergueram. — Uau! — ele exclamou. — Que história de favor imerecido! Você não encontra nada parecido nas outras religiões do mundo.

— Tem certeza? — perguntei. — Pensei que houvesse uma história na literatura budista que traça um paralelo com a parábola do filho pródigo.

— Bem, elas são similares até certo ponto, pois ambas envolvem filhos que se rebelaram e abandonaram o lar, e depois reconheceram o erro dos seus caminhos e voltaram. Mas a história budista termina de maneira totalmente diferente — o filho precisa trabalhar para compensar seus malfeitos.

— Como?

— No fim, ele precisa labutar durante vinte e cinco anos, carregando esterco. Então, vemos aí um contraste gritante entre o Deus da graça e uma religião na qual as pessoas precisam construir seu próprio caminho até o nirvana.[6]

— Uma festa com o bezerro cevado de um lado *versus* pilhas de esterco do outro — sim, totalmente diferente, brinquei. — Mas e o islã? — perguntei. — Como a história do filho pródigo teria lugar no islã?

— Na minha opinião, simplesmente não é possível que uma parábola como essa surja em círculos islâmicos — disse Hazen. — Não

---

[6] V. Reeves, Gene (Trad.) **The Lotus Sutra:** A Contemporary Translation of a Buddhist Classic. Somerville, MA: Wisdom Publications, 2008. p. 142-145.

acredito que um dia o filho pródigo voltasse. A vergonha familiar é muito forte no islã. A honra da família é um reflexo de como a família se submete a Alá. O nível de vergonha do jovem que abandona sua família teria sido insuportável.

— Mas *e se ele voltasse*?

— Ele se ajoelharia diante de Alá e, *na melhor das hipóteses,* haveria um grande preço a ser pago. Não, o filho pródigo é produto da teologia cristã, que é uma fonte de graça, perdão e esperança. Você encontra a história do filho pródigo nos lábios de Jesus, e de ninguém mais.

A minha mão deslizou sobre uma variedade de livros nas estantes de Hazen. — Você passou sua vida acadêmica estudando as religiões do mundo. Está dizendo que a graça não é encontrada em nenhum outro lugar?

— A visão cristã da graça é distinta de todas as outras grandes religiões; não há dúvida quanto a isso. Todavia, devo dizer que há pelo menos uma noção da graça em várias outras tradições — ele replicou.

— Que grupos mais se aproximam?

— Uma delas seria a escola do gato do hinduísmo *bhakti*.

Nessa hora eu estava conferindo as minhas anotações e ergui os olhos. — Desculpe-me... Você disse "escola do *gato*"?

— Isso mesmo. O nome vem da imagem de como a gata usa seus dentes para carregar gentilmente os filhotes a seu destino. Os filhotes não podem fazer nada; todo o esforço vem da mãe. Então, a ideia nesse braço do hinduísmo é que você depende totalmente da discrição da divindade que o conduz à iluminação ou à libertação do carma. Essa é uma figura da graça, mas bem diferente do cristianismo.

— Como assim?

— Antes de tudo, isso não é real. O cristianismo é uma fé histórica, enraizada na realidade. Segundo, não existe aí o conceito cristão de um Deus pessoal. E, terceiro, você não pode ter uma teologia robusta da graça sem um conceito de pecado do qual você é salvo, e esse conceito essencialmente não existe no hinduísmo.

— Que outras tradições têm vislumbres da graça? — perguntei.

— Há a escola *Jodo Shinshu* do budismo, na qual a única esperança de alcançar a iluminação é através de uma dádiva do Buda Amida. Essa escola foi desenvolvida no século XII e revitalizada no século XV.

— Então, é posterior ao cristianismo?

— Sim, isso mesmo. E a escola do gato também. Mais uma vez, o conceito cristão de graça, com a santidade de um Deus pessoal, a realidade do pecado e o embasamento histórico, é muito diferente. Concluindo: o cristianismo é único. Seus ensinos sobre a graça não têm paralelo nas religiões do mundo. E o filho pródigo ainda é o garoto-propaganda da graça.

O filho que não era pródigo

Algumas pessoas demonstram necessidade óbvia do perdão de Deus — como o brutal traficante de escravos John Newton, que no fim da vida estava tão maravilhado pela graça que escreveu o hino clássico a respeito, ou como Saulo de Tarso, um perseguidor de cristãos que celebrou a graça depois de se tornar o apóstolo Paulo. Mas há também os Craig Hazens do mundo — os filhos que nunca foram pródigos, os bons rapazes cuja aparência de moralidade parece ser polida a ponto de brilhar um pouco mais que a média.

— Como você chegou ao ponto de reconhecer sua necessidade da graça? — perguntei.

— Quando estava no último ano do ensino médio, eu era muito inteligente, e todos pensavam que seria muito bem-sucedido — ele contou. — A minha vida familiar corria bem; meus pais eram divorciados, mas isso não me afetava. Lembro-me de que, quando tomei consciência do Universo, olhava ao redor e dizia: "O que significa tudo isto?". Eu estava quase chegando à conclusão de que muitas visões religiosas não se sustentam...

— Você era cético?

— Sim, um agnóstico de carteirinha. Nenhum cristão jamais me ofereceu razões para crer; então praticamente concluí que eu mesmo era o centro do Universo. Então, uma garota me convidou para ouvir um evangelista falar em uma igreja. Eu me lembro da mensagem baseada no capítulo 4 de João, quando Jesus oferece à mulher samaritana a "água viva" que conduz à vida eterna.[7] Pensei: *O que tenho a perder?* Fui à frente atendendo ao apelo do evangelista, mas, francamente, naquela época era apenas uma experiência.

— O que aconteceu depois?

— Eles me levaram a uma sala para aconselhamento. Raciocinei: *É aqui que eles fazem a lavagem cerebral.* Não demorou para que todos os conselheiros me cercassem, já que eu os bombardeei com perguntas às quais ninguém conseguia responder.

— Então, você saiu dali naquela noite sem estar convencido de nada?

— Exatamente, mas eu havia iniciado uma jornada. Eles me deram livros e fitas e depois me telefonaram várias vezes. Estudei aquelas questões durante meses, e finalmente... Deus fez a obra. Eu me convenci de que o cristianismo é verdadeiro.

— Então, comecei a entender por que eu me sentira atraído pela paz da minha professora de química, aquela que colocava cartazes a respeito de Deus nas paredes. Embora eu fosse um bom menino, ainda assim era um pecador e experimentava uma sensação de ansiedade e alienação que não conseguia resolver. Deus começou a lidar com isso na minha vida.

— De fato — ele continuou —, existe algo engraçado na graça. Anos depois, alguns evangelistas foram à faculdade onde eu estudava e levaram alguns colegas que tinham testemunhos dramáticos. Eles se posicionaram no jardim e falaram sobre como estiveram na sarjeta e fizeram todo tipo de coisas horríveis, mas o Senhor os

---

[7] V. João 4.1-26.

encontrou e os reergueu. E eu pensava: *Cara, eu queria estar lá também, mas preciso dar um testemunho diferente.* Veja só, eu *não* estive na sarjeta, eu *não* era a escória da sociedade, eu tinha grandes perspectivas, todo mundo pensava que eu seria um sucesso na vida. E sabe de uma coisa? Mesmo assim, eu precisava desesperadamente de Deus!

— Então, finalmente entendi que ter boas maneiras à mesa, tirar nota 10 na escola, dizer "por favor" e "obrigado" e ser legal com as pessoas, tudo isso é trivial. Na verdade, eu estava em rebelião contra um Deus santo e tão poderoso que pode chamar bilhões de galáxias à existência. Isso é grande! Eu o ignorei, virei as costas para ele, e os meus pecados, incluindo o meu orgulho, a minha presunção, a minha inveja secreta e os meus desejos ilícitos, tudo isso criou um enorme abismo entre nós, bem como um sentimento de alienação e ansiedade.

— É isso que o pecado faz. Deus é perfeito, ele é santo, ele é puro, o que eu certamente não sou, nem em pensamentos nem em obras. A Bíblia enfatiza que ninguém é verdadeiramente bom. Romanos 3.22 afirma que "todos pecaram e estão destituídos da glória de Deus". Com o tempo, vim a entender que esse versículo diz exatamente o que quer dizer: "Todos pecaram", e eu estou incluído aí.

— Eu precisava de perdão, e em Jesus encontrei graça.

Sobre moscas e moinhos de farinha

A história da graça de Deus tem sido preservada em forma de música e pinturas, está incrustada nas Escrituras e é contada por milhões de pessoas que expressam sua gratidão pelo perdão e pela vida eterna. Mas qual é sua lógica? Em última análise, a graça faz sentido? Pedi a opinião de Hazen a respeito, e obtive uma resposta lógica.

— Por um lado, não, pois a graça está muito acima da lógica — disse ele. — Mas, por outro lado, ela faz sentido. Por exemplo, Philip Yancey afirma que, se você criar uma criança com amor condicional, ela se tornará neurótica e insegura.[8] Se Deus condicionasse seu amor ao nosso bom comportamento ou ao nosso cumprimento de suas regras, nós também ficaríamos neuróticos.

— Os psicólogos dizem que, se o objetivo é que os seres humanos floresçam, é preciso ter um amor incondicional. Num sistema em que você precisasse conquistar o direito de caminhar com Deus, você simplesmente não saberia quanto deveria se esforçar ou mesmo se obteve ou não êxito, e assim viveria em um estado terrível de ansiedade.

Uma ilustração que ouvi alguns anos atrás veio à minha memória. — Seria como se um patrão dissesse a um vendedor que, se ele não atingisse sua cota, seria demitido, mas nunca o deixasse saber qual era a cota — comentei.

— Exatamente. Por exemplo, a religião islâmica é baseada em conquistar seu caminho para Deus por meio da prática de boas obras mais do que de obras más. Oficialmente os muçulmanos não podem saber se agradaram Alá e consequentemente se esforçam para fazer tudo que podem para acumular boas obras.

— O que acontece então? — perguntei.

— Permita-me exemplificar com a fala de um influente líder muçulmano a respeito do Ramadã, período em que os muçulmanos devem jejuar. Ele especulava sobre diferentes cenários que poderiam interromper o jejum. Estava muito preocupado com isso, porque, no final das contas, queria que suas boas obras excedessem suas más obras, pois assim ele teria alguma chance de alcançar o paraíso.

— O líder muçulmano especulou da seguinte forma: Imagine que, durante o Ramadã, um homem em jejum esteja assentado em uma cadeira e acabe dormindo. Sua cabeça se inclina para trás, e ele abre a boca. Uma mosca passa por uma janela aberta e entra e sai da boca daquele homem. O jejum perdeu a validade? Ele analisa essa situação,

---

[8] V. YANCEY, Philip. **What's So Amazing About Grace?** Grand Rapids, MI: Zondervan, 1997. [**Maravilhosa graça.** 2. ed. revisada e ampliada. São Paulo: Vida, 2007.]

e outras semelhantes, por páginas e páginas: E se entrar poeira na sua boca? Muito bem, você seria capaz de antecipar que havia poeira no ar? Você sabia que deveria dirigir por uma estrada poeirenta? Que tipo de poeira é aquela? É poeira da estrada ou é poeira de um moinho de farinha? Todas essas considerações parecem ser muito importantes.

— Ele prossegue, página após página, e por fim você se cansa. São muitas as coisas que você precisa verificar para que o jejum daquele dia seja creditado a seu favor e assim você tenha uma chance de chegar ao paraíso. Mas será que todos os muçulmanos vivem assim? Não, é claro que não, mas, se eles levarem a sério os ensinos do *Alcorão*, deverão cultivar uma mentalidade desse tipo.

Hazen levantou as mãos e se assentou em sua cadeira. — Ó meu Deus, precisamos de graça! — declarou. — Precisamos do pai do filho pródigo! Ele é nossa única esperança.

Os cinco pilares do islã

De todas as religiões mundiais, o islã é a que mais me intriga. — Sem uma real teologia da graça, como o islã proporciona salvação aos muçulmanos? — perguntei.

— Maomé ensinou rituais que os muçulmanos devem realizar. São os chamados "cinco pilares" — respondeu Hazen. — Primeiro, há a confissão, ou *Shahada*, quando eles devem afirmar com sinceridade que não há outro deus, a não ser Alá, e que Maomé é seu mensageiro. É assim que os muçulmanos se convertem. Segundo, eles devem participar de orações rituais cinco vezes ao dia, seguindo alguns costumes como purificações cerimoniais e orações voltadas na direção da Caaba, um prédio sagrado em Meca.

— O terceiro pilar é a esmola, quando 2,5% dos rendimentos são entregues a mesquitas ou a instituições de caridade islâmicas. Quarto, os muçulmanos devem jejuar durante trinta dias, do nascer até o pôr do sol, durante o nono mês do calendário lunar, que é chamado Ramadã. Finalmente, os que tiverem condições físicas e financeiras devem participar da *Hajj*, uma peregrinação até Meca, onde Maomé nasceu, pelo menos uma vez na vida.

— E, se fizerem tudo isso, eles terão garantia do paraíso?

— Bem, não exatamente. Os muçulmanos creem em uma tradição segundo a qual cada um deles é observado o tempo todo por dois anjos, que ficam um de cada lado da pessoa. O anjo da direita registra as boas ações; o da esquerda, as más. No dia do julgamento, as ações são pesadas em uma balança.

— E se as boas obras excederem as más, eles vão para o céu?

— Isso é com Alá. Veja só, não há garantia de que ele honrará a balança. Está inteiramente nas mãos dele oferecer ou não misericórdia. Há apenas duas maneiras pelas quais você pode ter certeza absoluta do paraíso: uma é morrer em Meca durante uma peregrinação, e a outra é morrer em batalha por causa de Alá.

— Um *jihad*?

— *Jihad* pode significar qualquer luta por causa de Deus, mas uma guerra santa é a mais elevada forma de *jihad*.[9]

— Então, no islã não há uma expiação real pelo pecado, como há no cristianismo?

— Não, o *Alcorão* especificamente diz que ninguém pode levar os pecados de outra pessoa.[10]

— Então, o islã é essencialmente um sistema de tentativas de agradar a Deus, e mesmo assim ninguém pode ter confiança se fez o bastante para garantir o paraíso — eu disse.

— Isso mesmo. Mas eu já me encontrei com muçulmanos que me disseram que eles não se concentram em rituais. Eles creem que ninguém precisa fazer o bem neste mundo e dizem que querem servir a Alá. Não necessariamente *amar* Alá, mas servi-lo e fazer o que é justo diante dele.

---

[9] *Alcorão* 4.74: "Que combatam pela causa de Deus aqueles dispostos a sacrificar a vida terrena pela futura, porque a quem combater pela causa de Deus, quer sucumba, quer vença, concederemos magnífica recompensa."
[10] *Alcorão* 53.38: "Que nenhum pecador arcará com culpa alheia".

— Contudo, dada a natureza de Alá, você não pode esperar que um dia será salvo. De fato, é arrogância alegar ser muçulmano, palavra que significa alguém que se submeteu a Alá, porque você honestamente não sabe se atingiu plenamente essa condição. É um sistema baseado em obras, embora a misericórdia possa vir no fim, quando Alá fizer a chamada final. Logo, você está em uma esteira de corrida durante toda a vida. Para mim, este é o pior dos mundos: tentar alcançar algo que você nunca sabe se realizou ou não, ou se está ao menos próximo do alvo.

Perguntei: — Por que os terroristas do Onze de Setembro fizeram coisas flagrantemente contrárias à lei islâmica, como ir a clubes de *striptease* e consumir álcool, antes de lançarem os aviões contra o Pentágono e o World Trade Center? Eles não estavam preocupados com o fato de que isso poderia pesar contra eles no julgamento final?

— Não, porque há uma mentalidade que diz: *Estou cansado de me esforçar para fazer a balança pesar a meu favor; então farei algo grande que repercutirá por toda a eternidade, e isso será um ato de jihad. Consequentemente, não importa o que eu faça nos dias anteriores, porque esse ato final mudará a balança a meu favor.* Dessa maneira, eles podem justificar violações de todo tipo dos preceitos e regras islâmicos.

Entendi como isso faz sentido dentro de uma mentalidade islâmica, uma teologia motivada pelo que você faz e que não tem a graça nem a segurança da salvação, menos ainda um relacionamento amoroso entre o Pai e os filhos que ele criou. Em suma, um mundo no qual o filho pródigo teria enfrentado um destino completamente diferente.

O extremo oposto do cristianismo

A nossa conversa mudou de rumo, do islã para as religiões orientais. — E quanto ao budismo tradicional? — perguntei. — Você vê algum traço de graça nele?

— O budismo é primariamente ateísta — disse Hazen. — Pode até haver deuses em alguns pontos do sistema, mas nós apenas os usamos para alcançar níveis mais elevados e depois até mesmo esses deuses desaparecem. Por fim, não há nada, e você não tem alma, de modo que não há um conceito real de pecado ou graça.

— Então, se um budista estivesse assentado aqui, o que ele acharia da nossa conversa?

— Provavelmente diria: "Ah, os conceitos de pecado e de graça são maravilhosos".

Isso me surpreendeu. — Sério?

— Sim. O que ele estaria querendo dizer é: onde quer que você esteja em sua jornada espiritual, esses conceitos são importantes e o ajudam a subir a escada. No entanto, uma vez que você a tenha subido, esses conceitos desaparecerão à medida que você se tornar consciente de outros níveis, até atingir a consciência de que você não existe e não tem uma alma. Aí você estará se dirigindo para o nirvana, em que, ao final, você será absorvido no nada.

— Muitos ocidentais veem o budismo como uma prática envolvendo muita meditação, mas na verdade o valor está no trabalho duro, não é mesmo?

— Sim, todo budista sério sabe que você precisa seguir o caminho óctuplo rumo à cessação do sofrimento: compreensão correta, intenção correta, fala correta, ação correta, vida correta, esforço correto, mentalidade correta e concentração ou meditação correta. Você precisa vigiar seu comportamento constantemente, porque isso é parte do seu caminho rumo à iluminação. Você permanecerá muito tempo na roda da *samsara*, passando por um ciclo de nascimentos e renascimentos enquanto trabalha rumo à libertação.

— Quanto tempo dura esse ciclo?

— De acordo com alguns pensadores budistas, o menor número de vidas pelas quais você teria de passar é sete, e quase ninguém consegue fazer isso tão rapidamente — ele disse. — O mais provável é

1 milhão de vidas, ou, como ouvi certa vez de um mestre budista, pode chegar a 10 elevado a 60ª potência de vidas. Equivale ao número de átomos no Universo! Você consegue imaginar isso? Esse seria o número de ciclos pelos quais você teria de passar antes de ser lançado no nirvana.

— É assombroso!

Hazen balançou a cabeça e explicou: — Em certo sentido, o budismo é o extremo oposto do cristianismo. Em última instância, nada existe no budismo; no cristianismo, Deus é o criador. No budismo, você não tem uma alma; no cristianismo, você tem uma alma criada à imagem de Deus. No budismo, você tem uma labuta aparentemente interminável à sua frente com vistas a alcançar o nirvana; no cristianismo, o perdão e a vida eterna no céu são dons gratuitos da graça de Deus que podemos receber a qualquer momento mediante o arrependimento e a fé. No budismo, não há a ideia de pecado; em última análise, o que há é apenas a falta de substância, ou *nihvabhava*, para usar uma palavra em sânscrito.

Hazen pensou por um momento e então concluiu: — Sabe, mesmo se todas as religiões fossem obra da nossa imaginação, eu escolheria o cristianismo, porque ele nos dá segurança de estarmos em uma relação correta com Deus. Não é preciso ficar ansioso por fazer coisas ou por trabalhar uma vida após a outra. Como a Bíblia diz em 1João 5.13: "Escrevi estas coisas a vocês que creem no nome do Filho de Deus, para que *saibam* que têm a vida eterna".[11]

Batendo à sua porta

Durante a minha infância na homogênea Chicago dos anos 1950 e 1960, religiões como o islamismo, o hinduísmo e o budismo pareciam estranhas e exóticas. Hoje, os Estados Unidos são um país tão diversificado que vejo numerosos credos representados no bairro

---

[11] Grifo nosso.

onde moro. Mas fiéis de apenas dois desses credos, os testemunhas de Jeová e os mórmons, vieram bater à minha porta.

— Esses dois professores alegam ser cristãos — eu disse a Hazen —, mas mesmo assim seus ensinos contradizem doutrinas cristãs centrais. Comecemos com os testemunhas de Jeová — como eles veem a graça?

— Os testemunhas de Jeová negam a divindade única de Jesus; creem que ele é *um* deus, não a segunda pessoa da Trindade. E seus ensinos entram em conflito com a noção bíblica de graça. Eles acreditam em certa forma de fé salvadora, mas acreditam também que essa fé precisa estar ligada a algum tipo de esforço árduo. Você precisa gastar tempo e fazer o que lhe é exigido: trabalhar no Salão do Reino, sair batendo de porta em porta nas casas das pessoas e assim por diante.

Fiquei a imaginar Hazen cumprimentando os testemunhas de Jeová na entrada de sua casa e tive de conter um sorriso. — Eles provavelmente devem ter uma surpresa quando se encontram com você — acrescentei.

— Vou contar uma história a respeito — ele disse. — Tenho um escritório no andar de cima da minha casa de onde posso ver a rua, e um dia notei uma *van* estacionar. Algumas pessoas saíram com pequenas maletas e começaram a se espalhar pelo quarteirão. Duas mulheres se aproximaram da minha casa. Era um dia bonito, e elas passeavam com prazer. Não caminhavam muito rápido enquanto seguiam de porta em porta.

— Finalmente, elas bateram à porta da minha casa e comecei a conversar com elas. Eu lhes disse que, ao contrário dos testemunhas de Jeová, estou convencido de que somos salvos apenas pela graça de Deus. Elas disseram: "Oh, não, você tem de se esforçar muito para esse fim. O simples fato de estarmos em sua vizinhança agora demonstra isso. A salvação fácil que vocês pregam não nos parece verdadeira.

— Eu disse: "Bem, tenho um escritório no andar de cima, e de lá eu as vi caminhando pela vizinhança. E senhoras, sinceramente, isso não é para criticá-las, mas parece que vocês poderiam ter coberto o dobro de casas no mesmo período de tempo. Vocês não se preocupam com Jeová e sua mensagem? Acho que, se realmente se preocupassem, vocês teriam coberto duas, talvez três vezes mais casas para espalhar essa mensagem".

— Isso funcionou muito bem com elas, porque concretizou um dos maiores problemas de uma mentalidade baseada em obras: se você decidir viver pelas obras, acabará morrendo por elas. Como você poderá se achegar à presença de Jeová e dizer: "Sim, eu poderia ter trabalhado mais do que trabalhei?". Você nunca saberá se fez o bastante para ele, porque na verdade tudo estará baseado em você mesmo.

— Conquanto eles aleguem que a graça está envolvida no budismo, esse sistema é híbrido, algo que na verdade é contraditório se pensarmos na graça verdadeira — disse Hazen. — A graça genuína é o dom gratuito da salvação, e não podemos colocar preço em algo que já é de graça.

Graça — depois de tudo o que pudermos fazer

— Certamente vemos uma mentalidade baseada em obras no mormonismo — observei. — Eu estava folheando o *Livro de Mórmon* que achei no quarto do hotel ontem à noite e encontrei 2Néfi 25.23, que diz: "É pela graça que somos salvos, depois de tudo o que pudermos fazer".[12]

— Os santos dos últimos dias ou mórmons acreditam, em geral, exatamente nisso. Há muitas coisas que eles precisam fazer, e a esperança é de que Deus fará o resto. Isso quer dizer que eles precisam ser fiéis, dar o dízimo, trabalhar no templo, casar-se no templo, servir e envolver-se com sua obra missionária. Há uma sensação de fracasso ou de culpa perpétua se eles deixam de fazer algumas dessas coisas.

---

[12] 2Néfi 25.23: "Pois trabalhamos diligentemente para escrever, a fim de persuadir nossos filhos e também nossos irmãos a acreditarem em Cristo e a se reconciliarem com Deus; pois sabemos que é pela graça que somos salvos, depois de tudo o que pudermos fazer".

— Mas, quando converso com o pessoal da Universidade Brigham Young,[13] vejo que muitos deles estão focados na graça. Eles dirão que somos salvos pela graça depois de tudo o que pudermos fazer e, depois, à pergunta "O que é tudo o que podemos fazer?", eles se voltarão para outra passagem no *Livro de Mórmon*, Alma 24.11, que diz que tudo o que podemos fazer é nos arrependermos. Isso soa como tradicionalmente cristão.

— Mas alguns líderes mórmons estão se voltando para uma teologia baseada na graça?

— Sim, creio que sim, mas de maneira bem sutil. E espero que essa tendência cresça cada vez mais.

— Mas, do jeito que está hoje, a maioria dos mórmons veria uma lista das coisas que eles precisam fazer para sentirem que estão bem com Deus — eu disse.

— Sim, essa é uma tradição forte.

— Será que eles podem ter confiança de que estão em uma relação correta com Deus?

— Alguns sim, alguns não. Muitos se sentem completamente seguros em seu relacionamento com Deus. De fato, alguns mórmons com os quais me encontrei podem muito bem estar salvos. Eles entendem Jesus corretamente em muitos aspectos e o amam de todo o coração, e realmente creem que são salvos pelos méritos de Cristo apenas, a despeito da carga de tradição voltada à salvação pelas obras existente no mormonismo. Mas muitos se sentem inseguros a respeito de sua salvação e de sua posição na igreja, e as estatísticas o demonstram. A cultura jovem em Utah[14] tem uma taxa de suicídios mais alta que a média, e alguns atribuem esse fato à culpa que acompanha

---

[13] A Brigham Young University (BYU) é uma universidade particular de propriedade da Igreja de Jesus Cristo dos Santos dos Últimos Dias — os mórmons, com sede no estado norte-americano de Utah. [N. do T.]
[14] Os mórmons compõem cerca de 70% da população do estado norte-americano de Utah. [N. do T.]

os padrões comportamentais do mormonismo. Eles podem estar em enorme desespero.[15]

Balancei a cabeça. — Isso é trágico.

— Sim, é, e penso que nós, evangélicos, podemos oferecer uma resposta a isso. Algumas vezes, sentimos culpa e vergonha no nosso próprio meio quando somos igualmente legalistas, e isso pode levar as pessoas a uma espiral descendente. A propósito, há algo mais a respeito da salvação mórmon que em geral perdemos de vista.

— O quê?

— O mormonismo é em essência uma fé universalista. Conforme a teologia mórmon, todos se salvam de alguma maneira. Para os mórmons, não importa se você crê ou não, a expiação assegura que você ressuscitará e irá para um dos céus.

— Céus? No plural?

— Sim, os mórmons creem em três céus, o que eles chamam de *graus de glória*. O mais baixo é o *Reino Telestial*, depois vem o *Reino Terrestrial* e finalmente o *Reino Celestial*. Então, quando falamos a respeito da graça, precisamos entender essas diferenças.

— Veja só, a expiação basicamente joga todo mundo em um desses céus. Há alguns poucos, chamados de filhos da perdição, que ficarão em uma área especial de quarentena, uma espécie de inferno. Mas em geral todo mundo vai para um dos céus. Agora, não sei quanto a você, mas, se eu vou viver por toda a eternidade no céu, quero estar no nível mais elevado, onde temos acesso direto à presença do próprio Deus.

— Como os mórmons creem que você chega lá?

— A resposta é que há muita coisa para fazer. As exigências podem ser pesadas. Você precisa seguir todos os rituais e costumes da igreja e acumular muitas boas obras. Sabe o que respondo aos

---

[15] V. KINKEAD, Lucinda Dillon; ROMBOY, Dennis. Deadly taboo: Youth suicide an epidemic that many in Utah prefer to ignore, **Deseret News** (April 24, 2006).

mórmons que batem à porta da minha casa e dizem que preciso ser um mórmon para passar a eternidade com Deus? "Sou cristão e, do meu ponto de vista, há somente dois lugares: céu e inferno. Da perspectiva dos mórmons, para onde eu vou?".

— Eles dizem: "Bem, você parece ser uma pessoa decente e alguém que tem amor a Jesus, de modo que há uma grande chance de chegar ao segundo nível do céu". Então, eu pergunto: "Como é esse céu?". Eles dizem: "Oh, é mais glorioso do que você pode imaginar". Eu digo: "Hum. Então, se eu estiver errado e vocês estiverem certos, posso chegar ao lugar mais glorioso que consigo imaginar. Mas, se eu escolher a fé mórmon e ela estiver errada, posso terminar no inferno por toda a eternidade. Consequentemente, para mim não faz sentido me tornar mórmon".

Sorri diante desse jiu-jítsu apologético. — O problema — eu disse — é que o mormonismo contradiz os ensinos cristãos tradicionais de inúmeras maneiras.

— Na minha opinião, o mormonismo não é cristão porque diverge em muitos ensinamentos essenciais. Talvez a diferença mais importante seja o simples fato de que cristianismo é monoteísta — disse Hazen. — A teologia mórmon ensina que há pelo menos três Deuses distintos, o Pai, o Filho e o Espírito Santo, e os mórmons têm sido historicamente politeístas radicais, pensando que qualquer pessoa que esteja em plena comunhão com a Igreja dos Santos dos Últimos Dias poderá se tornar um deus. Isso significa que pode haver inúmeros outros deuses. Não importa como você explique isso, definitivamente *não* é cristianismo.

Uma fé que pode ser testada

A análise de outras religiões feita por Hazen me conduziu a uma questão relacionada. Eu disse a ele que tenho descoberto histórias impressionantes de pessoas que descobriram a graça através de Cristo e como resultado tiveram a vida radicalmente transformada. De fato, eu mesmo sou um exemplo disso, assim como o são as muitas pessoas que entrevistei para este livro.

— Mas há muçulmanos, hindus e praticantes de outras religiões que alegam ter sido transformados radicalmente para melhor por causa de sua fé — eu disse. — Então, como uma vida transformada testemunha a favor da verdade do cristianismo, isso é mesmo verdade?

— Por um lado — Hazen disse —, tenho visto exemplos de pessoas que mudaram de maneira tão radical que só posso atribuir isso à obra de Cristo. Então, sim, creio que há um testemunho de Cristo a respeito do poder de Deus na vida deles que pode ser persuasivo até certo ponto, ainda que isso precise ser acompanhado com outras evidências para ser realmente um argumento a favor do cristianismo.

— Por outro lado, pessoas de outras religiões também alegam ter experiências religiosas significativas. Eu me lembro de ter ministrado um curso sobre religiões mundiais na Universidade da Califórnia em Santa Bárbara, e fomos a Los Angeles para visitar locais religiosos. No Templo de Krishna, eles nos convidaram para observar o culto. Eles usavam tamborins e tambores, cantavam e dançavam. Depois de um tempo, um aluno evangélico parecia estar chateado. Ele disse: "Não consigo perceber a diferença entre o que eles fazem e o que nós fazemos. Eu *sinto* que é a mesma coisa".

— Expliquei para aquele aluno que é verdade que as pessoas de outros movimentos religiosos podem ter experiências maravilhosas que as fazem se sentir espiritualmente edificadas. De fato, bons sentimentos podem ser gerados de tantas maneiras que não devemos permitir que isso oriente a direção religiosa que iremos seguir.

— Sim, você quer ser transformado por sua fé, mas também quer saber se ela é verdadeira. Assim como a graça se diferencia do cristianismo, a verdade também o faz. Jesus era cheio de graça *e* de verdade, e no cristianismo você pode *conhecer* a verdade, não apenas por meio de algum tipo de experiência espiritual, mas também mediante cuidadosa investigação.

— Em outras palavras, o cristianismo pode ser testado. E, quando você o examina, como sei que você fez quando era ateu, descobre que é apoiado pela filosofia, pela ciência e pela história; de fato, o cristianismo leva o mundo mais a sério que qualquer outro credo. Nenhuma outra religião se alinha com a realidade como o cristianismo.

— Em 1Coríntios 15.12-19, Paulo diz duas vezes que, se Jesus não ressuscitou dos mortos, a nossa fé é sem valor. O que ele estava dizendo é que, se você pode de fato investigar o cristianismo, e se você não tiver excelentes razões para crer que Jesus ressuscitou, estará no seu direito de procurar outra opção para a sua vida. Outras religiões não se abrem a esse tipo de investigação e escrutínio.

— Na verdade, alguns credos nem pensam nessas coisas. Por exemplo, se você é um zen-budista, o que é importante para você? Bem, por meio de práticas e disciplinas de meditação, você estará se aproximando da iluminação? No final das contas, o zen-budista não se preocupa se Buda realmente existiu ou se ensinou as quatro verdades nobres e o caminho óctuplo; isso tem que ver com o que estava acontecendo no *interior* dele. Então, muitas religiões nem sequer alegam ser verdadeiras em algum sentido objetivo. Assim, há algumas outras religiões, e eu incluiria o mormonismo e o islamismo nessa categoria, que parecem ser históricas, mas, se você as examinar com um pouco mais de cuidado, descobrirá que não são.

— O que você quer dizer com isso? — perguntei.

— O missionário mórmon à sua porta pode fazer uma apresentação a respeito de Joseph Smith restaurando o "verdadeiro" cristianismo. Ele pode falar sobre placas de ouro nas quais caracteres egípcios reformados foram inscritos e sobre como Smith os traduziu pelo poder de Deus. Ele pode contar uma grande história sobre Jesus visitando o hemisfério ocidental. E talvez você pense: *Uau, pode-se realmente investigar isso para saber se é ou não verdade.*

— Mas digamos que você tenha feito sua pesquisa e descoberto falhas no argumento deles e, então, levante algumas objeções legítimas. O que acontece? Invariavelmente, o missionário dirá: "Você está apresentando bons argumentos, mas para mim suas objeções não importam, pois tive uma experiência que me diz que tudo isso é verdade". Ele recomendará a você simplesmente ler o *Livro de Mórmon* e prestar atenção para ver se sente um "fogo que queima em seu íntimo". Então, aquilo que no início parecia ser uma fé que poderia ser investigada se torna de repente uma fé baseada em sentimentos.

— O islã é semelhante. Já argumentei com muçulmanos a respeito da identidade de Jesus, e eles o descreveram como ele aparece no *Alcorão*. Eu lhes digo: "Não creio que isso esteja correto, porque os melhores registros que temos de Jesus são do século I, e creio que devemos confiar neles. Afinal, eles foram escritos por pessoas com conhecimento desses eventos, e elas escreveram isso muito cedo".

— Os muçulmanos responderão: "Esse é o problema; o *Alcorão* é a Palavra de Alá". Insisto em que estamos falando sobre as evidências, ou seja, os melhores dados históricos a respeito de Jesus; contudo, uma vez mais, eles dirão que estou perdendo de vista o principal: o *Alcorão* é a Palavra de Alá. Veja só, tudo para eles se apoia nessa afirmação, e não há argumento nem evidência que possa ir contra isso. Isso é muito distante do cristianismo, no qual os apologistas gostam de partir da confiabilidade dos documentos históricos. Então, o cristianismo é diferente em primeiro lugar por causa da graça; em segundo lugar, porque é verificável; e, em terceiro lugar, porque apresenta o mundo como ele é, de um modo que as outras religiões não fazem.

— Essa terceira declaração é importante. Pode me dar um exemplo?

— Claro! Considere o problema do mal, da dor e do sofrimento. Os cristãos alegam que todas essas coisas são reais e que o cristianismo apresenta argumentação convincente para sua existência.[16] Se você analisa as tradições religiosas orientais, vê que quase todas renomeiam o mal, o pecado e o sofrimento como *maya*, ou ilusão.

— Esse tipo de explicação não convence, não é mesmo? — eu disse.

---

[16] V. STROBEL, Lee. **The Case for Faith.** Grand Rapids, MI: Zondervan, 2000. p. 25-55 [**Em defesa da fé.** São Paulo: Vida, 2002.]

— Sim, e não bate com a realidade — replicou ele. — O quadro apresentado pelo cristianismo combina com o mundo como ele é. Como cristãos, somos chamados a ajudar as pessoas que estão sofrendo, não a desconsiderar o sofrimento delas, como se fosse uma ilusão, e consequentemente minimizá-lo ou desprezá-lo.

— O que estou dizendo é o seguinte: em tantas áreas importantes, o cristianismo reflete a realidade de uma maneira que outros credos simplesmente não fazem.

Cacofonia de religiões

Nossa conversa me fez lembrar de um versículo: "Pois a Lei foi dada por intermédio de Moisés; a graça e a verdade vieram por intermédio de Jesus Cristo".[17] Pois como Hazen disse, tanto a graça quanto a verdade são importantes. A *graça* abre a porta para um relacionamento com Deus sem que haja mérito algum da nossa parte, mas será apenas a expressão de um desejo, a menos que o cristianismo esteja baseado na *verdade*. O cristianismo é, para usar uma expressão de Hazen, uma fé testável. Como o meu colega Mark Mittelberg gosta de dizer, as flechas da ciência, da História e da filosofia apontam de modo poderoso e persuasivo para a confiabilidade do teísmo cristão.[18]

O alarme do meu celular disparou, avisando que era hora de encerrarmos a conversa, pois eu precisaria dirigir até San Diego para outra reunião. Guardei o gravador e agradeci a Hazen pela atenção que ele me deu, enquanto nos levantávamos e nos despedíamos com um aperto de mão.

— Honestamente — disse ele com aquele sorriso de menino —, não há nada de que eu goste mais de discutir que a graça. É um tema inesgotável.

---

[17] João 1.17.
[18] V. Mittelberg, Mark. **Confident Faith:** Building a Firm Foundation for Your Beliefs. Carol Stream, IL: Tyndale, 2013.

Na hora e meia seguinte, enquanto eu dirigia o carro que aluguei pelas rodovias congestionadas do sul da Califórnia, vi por toda parte sinais de uma cultura religiosa muito diversificada: a mulher usando *hijab*[19] empurrando um carrinho de bebê pela calçada; a estátua de Buda na janela de um café vietnamita; o motorista usando um *yarmulke*[20] no carro próximo ao meu; o organizado Salão do Reino das Testemunhas de Jeová; o enorme templo mórmon construído de pedra, com suas torres apontando para o céu, que se agiganta próximo à rodovia em San Diego. São tantas crenças, cada uma delas com exigências, regras, mandamentos e expectativas próprias — e listas de "faça isto e aquilo" que nunca são completadas.

E, para toda parte que eu dirigia, eu via igrejas luteranas, episcopais, metodistas e batistas, tradicionais e modernas, com cruzes apontando para o céu. Não eram apenas uma lembrança da única mensagem que oferece graça gratuitamente; eram um símbolo do custo inimaginável que foi exigido para que a graça fosse adquirida.

---

[19] *Hijab* é o véu usado pelas mulheres muçulmanas. [N. do R.]
[20] *Yarmulke* é o solidéu usado pelos judeus. [N. do R.]

Capítulo Cinco

O carrasco
Estamos além do alcance da graça?

> "Ser cristão significa perdoar o indesculpável, porque Deus perdoou o indesculpável em você."
>
> — C. S. Lewis[1]

Um jovem despreocupado brincando no palácio de um príncipe. Um reino de terror que separa a família de um menino. Uma odisseia através de campos de caos e morte. Uma vida misteriosamente poupada. Um estranho com um passado sombrio. Um monstro de depravação impensável e uma transformação pessoal tão improvável que parece esticar a ideia da graça até o limite máximo.

A história de Christopher LaPel parece um filme de Hollywood. Começa com o pedido inocente de uma criança cambojana a um cortesão real. Então, passa a um labirinto desconcertante de horrores antes de terminar em um calabouço sem chance de escape, ocupado por prisioneiro com nenhuma esperança, a não ser Cristo.

Percorri um longo caminho, na tentativa de solucionar o enigma da graça. Stephanie Fast me lembrou de que a graça de Deus não apenas nos perdoa, mas nos adota na família de Deus por toda a eternidade. Jud Wilhite, agarrado por Deus na iminência da autodestruição, nos adverte contra a tentativa de provar que somos merecedores da graça mesmo

---

[1] Lewis, C. S. **The Weight of Glory and Other Addresses**. New York, NY: Collier Books/Macmillan, 1980. p. 125. [**Peso de glória**. São Paulo: Vida, 2008.]

depois de tê-la recebido como dom imerecido. E Craig Hazen afirma que, em um mundo de religiões no qual Deus é visto como um capataz incansável, o cristianismo se sobressai como um farol isolado de graça.

Mas quais são as fronteiras da graça? Onde Deus traçou a linha demarcatória? Decerto deve haver limites, monstros repreensíveis cujas transgressões medonhas vão além da sombra redentora da cruz. Se já houve um caso de graça que avançou longe demais, em que Deus balançou a cabeça e virou as costas, eu sabia que esse caso estaria na história contada por Christopher LaPel.

Não muito depois de ter visitado Hazen, peguei um voo de volta para a Costa Oeste a fim de procurar LaPel, cujo escritório em Los Angeles apresenta um quadro de avisos enfeitado com recortes de jornais sobre seus feitos.

Pequenino e usando óculos sem armação, com cabelos pretos sem um único fio branco, LaPel se sentou confortavelmente em uma cadeira de madeira, com as pernas cruzadas, enquanto me contava calmamente uma história de sadismo e sobrevivência.

— Cresci em Phnom Penh, no Camboja, onde o meu pai era sumo sacerdote e conselheiro espiritual do príncipe Norodom Sihanouk — disse ele, com sotaque carregado e pronunciando as frases pausadamente.

— O meu pai queria que eu o substituísse um dia. Quando eu era jovem, algumas vezes ele me levava ao palácio, onde eu brincava com os filhos do príncipe. Um dia eu estava no porão e, ao ver alguns artesãos, perguntei: "Vocês poderiam fazer uma cruz de marfim para mim?".

— Uma cruz? — foi a minha pergunta de volta. — Por que uma criança budista pediria uma cruz?

— Realmente, não sei. Talvez porque tenha visto uma em uma igreja católica. Meus irmãos tinham ídolos, mas por alguma razão eu estava obcecado por ter uma cruz. Para mim, era uma representação de poder e pureza. O artesão fez uma cruz que encaixei em uma corrente de ouro. E a coloquei no meu pescoço, por baixo da camisa — disse ele, batendo em cima do seu coração.

— Como seu pai reagiu?

— Ninguém realmente a via, até que, certo dia, estávamos fazendo uma refeição em família, assentados no chão, com a comida no centro. Quando fui pegar algo, a cruz caiu de dentro da minha camisa. Todo mundo viu. O meu pai ficou furioso e me amaldiçoou na frente dos meus irmãos e irmãs. Ele me mandou ficar na sua frente e avisou: "Você não deve usar esta cruz! Lembre-se: somos uma família budista".

— Ele castigou você?

— Um pouco depois ele pediu desculpas, mas disse que não gostava da cruz. E se ofereceu para fazer qualquer ídolo que eu quisesse. Eu disse: "Não, não quero nada". Então, ele retrucou: "Na próxima vez, tire isso". Depois daquilo, posicionei a correntinha com a cruz virada para as minhas costas.

LaPel estava usando a cruz em 17 de abril de 1975 quando o Khmer Vermelho assumiu o poder e obrigou que as cidades e vilas cambojanas fossem esvaziadas. — Eles apareciam usando rifles AK-47 e ordenando: "Vocês precisam sair o mais depressa possível. Não levem nada. Daqui a três dias vocês vão voltar".

Ele e sua família se uniram a uma enxurrada de residentes que entupiam as estradas estreitas, andando, correndo, alguns de bicicleta ou com pequenas motocicletas, levando tudo o que podiam. Havia confusão em massa, caos e pânico.

— Todo mundo estava apavorado. Eu tinha 19 anos naquela época. Estava aterrorizado. O meu pai disse: "Simplesmente faça o que eles estão pedindo". Os três dias viraram três semanas. Então, nós nos demos conta de que jamais voltaríamos para casa.

Assim começou a luta deles para evitar os campos de extermínio.

O mistério da cruz

Nos 1.364 dias seguintes, o Khmer Vermelho, tentando obliterar as classes sociais e criar uma sociedade agrária de camponeses, foi responsável por matar, de fome ou de exaustão, cerca de 2 milhões de cambojanos, de uma população de 8 milhões. Com tal percentual da população destruído, o regime comunista de Pol Pot foi o mais assassino da história moderna.

— Professores... mortos. Antigos funcionários públicos... mortos. Jornalistas... mortos — LaPel me disse. — Eles queriam se livrar de todo mundo que tivesse alguma educação, para que não fossem uma ameaça. Um amigo meu admitiu ao Khmer Vermelho que estava na faculdade. E desapareceu.

De fato, dos 11 mil estudantes universitários que havia naquela época, apenas 450 sobreviveram. Apenas 5% dos estudantes do ensino médio sobreviveram ao genocídio. Nove em cada dez médicos foram mortos.[2] O dinheiro foi abolido, a propriedade privada foi confiscada, escolas e tribunais foram fechados, práticas religiosas foram suprimidas, a individualidade foi erradicada e um sem-número de pessoas foi levado a arrozais para trabalhar sob o regime da escravidão.[3]

— Um jornalista disse que não poderia haver nenhum amor, a não ser o amor pelo Partido e pela nação.[4]

Em outras palavras, era uma cultura inteira sem a graça.

— O Khmer Vermelho nos interrogou — disse LaPel. — Tivemos de ser muito cuidadosos. Um vacilo, e estaríamos mortos. Eles indagaram: "Quem são vocês? Vocês já foram à escola?". Eles jogaram um caderno na nossa frente. "Aqui... escrevam seu nome."

— Escrevi o meu nome com a mão esquerda para ficar esquisito. Disse que era um lavrador com poucos anos de escolarização. Eles nos testaram: "Se vocês quiserem plantar feijões, o que farão?". Havíamos plantado milho e alguns legumes em Phnom Penh, e entendíamos um pouco de agricultura. Então, conseguimos convencê-los de que éramos lavradores.

---

[2] DUNLOP, Nic. **The Lost Executioner**. New York, NY: Walker Publishing Co., 2006. p. XX.
[3] CHANDLER, David. **Voices from S-21**. Berkeley, CA: University of California Press, 1999. p. vii.
[4] DUNLOP, Nic, **The Lost Executioner**, p. XX.

Separado de sua família, LaPel foi levado ao campo para cultivar arroz e construir canais como parte da construção de um massivo sistema de irrigação que incrementaria a produção. Ele trabalhava de 12 a 14 horas por dia; de noite, no verão, trabalhava ao luar. A comida era uma sopa aguada, suplementada por lagartos que conseguia apanhar. Seu peso caiu para pouco mais de 30 quilos, e seu cabelo caiu por causa da desnutrição. De noite, o Khmer Vermelho costumava chamar algumas pessoas pelo nome; elas desapareciam de sua cabana e nunca mais eram vistas.

— Uma ocasião, em 1977, passei muito mal, com febre alta — LaPel relatou. — Fiquei três dias sem trabalhar. Uma noite, uma voz chamou o meu nome. O Khmer Vermelho queria me ver. Eles me tiraram da cabana. Eu sabia que seria morto. Estava apavorado, tremendo.

— Eles me mandaram assentar no chão e perguntaram por que eu não tinha ido trabalhar. Eu lhes disse que estava passando mal e que não tinha nem comida nem remédios. Um deles perguntou: "Passando mal de quê?". Respondi: "Estou com muita febre". Alguém retrucou: "Vamos ver se você está passando mal mesmo".

— Eles começaram a me examinar. Um colocou a mão na minha cabeça, e outro, no meu ombro. Aí um deles abriu a minha camisa e tocou o meu peito; e isso expôs a cruz, pendurada em uma correntinha. A luz refletiu o mármore. Houve silêncio, que parece ter durado um longo tempo. Então, ouvi a voz de alguém que não consegui ver. Ele disse: "Muito bem, este camarada está realmente doente. Vamos deixá-lo ir".

Eu estava me assentando na beirada da poltrona enquanto LaPel contava sua história. — Graças a Deus — eu disse. — Mas por que eles reagiram dessa maneira diante da cruz?

— Não sei. Eles me mandaram descansar. No dia seguinte, eles mandaram remédios da medicina chinesa, me deram uma sopa de arroz e me trataram muito bem. Poucos dias depois, eu estava melhor. Eu não sei o que aconteceu por causa da cruz, mas creio que ela salvou a minha vida.

Mesmo assim, a luta para sobreviver nos campos de arroz se tornava cada vez mais difícil. A carga de trabalho aumentava, e a porção de comida diminuía. A brutalidade do Khmer Vermelho era interminável; LaPel ficava angustiado ao saber de pessoas que imploravam pela vida antes de serem executadas.

LaPel avaliou as opções e concluiu que não tinha nada a perder se fugisse. No início de 1979, ele partiu em busca de segurança na Tailândia. Fugiu à noite, navegando pela selva sob a luz da lua, e por fim chegou a um campo de refugiados com um nome que ele não entendeu direito: Christian Outreach.[5]

— Eu estava tão aliviado, tão feliz de estar lá — ele disse. — Pela primeira vez em muito tempo eu me sentia seguro. Então, certo dia uma mulher compartilhou comigo a respeito de Jesus Cristo. Ela falou sobre como ele morreu na cruz, e eu pensei: *na cruz*? Então, eu lhe pedi para falar sobre o significado da cruz. "Por que ele morreu?" Ela me falou sobre como ele morreu para que eu pudesse ser salvo dos meus pecados.

— Naquele momento, eu me lembrei da cruz de marfim e de como Deus havia salvado a minha vida quando eu estava doente. Orei, dizendo: *Senhor, eu deveria ter morrido naquela noite, mas tu me poupaste. Quero dedicar a minha vida ao teu serviço, não importa o que queiras que eu faça. A minha vida é tua.*

Ele queria sentir a cruz ao redor do seu pescoço, mas a perdera. Em algum lugar na floresta, a correntinha se quebrou. Ele sorriu ao se lembrar disso. — Perdi a minha cruz — disse ele —, mas encontrei Jesus.

Foi naquele acampamento que LaPel conheceu uma refugiada chamada Vanna, por quem se apaixonou e com quem se casou ali mesmo. Em 1980, eles emigraram para os Estados Unidos, onde uma irmã de Vanna morava. LaPel formou-se em uma escola adequadamente chamada Hope International University [Universidade

---

[5] Christian Outreach (literalmente, "alcance cristão") é uma entidade missionária paraeclesiástica norte-americana que atua em áreas de risco e em situações-limite por todo o Planeta. [N. do T.]

Internacional Esperança] e tornou-se pastor da Igreja Cristã Golden West em Los Angeles, que fica em uma rua chamada Liberty [Liberdade]. Era exatamente onde eu estava, conversando com ele em seu escritório, que ficava no segundo andar.

LaPel nunca se esqueceu do Camboja. Ele vai com frequência à sua terra natal para treinar e capacitar cristãos. Hoje há mais de duzentas igrejas que se originaram de seu ministério.

O horror do S-21

Outros parentes de LaPel não foram tão felizes. Quando ele conta sobre o destino de seus familiares, vai falando cada vez mais baixo; e algumas vezes tenho de me esforçar para ouvi-lo.

Enquanto ainda estava preso no Camboja, ele explicou, tomou conhecimento de que o Khmer Vermelho obrigara seu pai e sua mãe a trabalharem até morrer de exaustão. Sua irmã, que era locutora de rádio na capital, foi assassinada. Seu irmão foi morto pouco antes que os vietnamitas invadissem o país em 1979.

— Eu também tinha uma prima... — disse ele.

— Fale-me sobre ela.

Ele hesitou. — Ela era uma cientista que lecionava em uma escola. — Pausa. — Foi presa e levada para o S-21.

O notório S-21 era o antigo Ginásio Tuol Svay Pray, nos arredores de Phnon Pehn. O complexo tinha quatro prédios de três andares, dispostos em frente a um pátio gramado, além de uma dependência administrativa feita de madeira. Em 1976, o Khmer Vermelho transformou o complexo em um centro de interrogatórios, tortura e execução. A letra "S" é abreviatura de "salão", e "21" era o código para *santebal*, ou polícia de segurança.[6]

Os que moravam nas proximidades conheciam o prédio como *konlaehn choul min dael chehn,* "o lugar para onde as pessoas vão,

---

[6] CHANDLER, David, **Voices from S-21**, p. 3.

mas não voltam".[7] Toda pessoa, homem ou mulher, era considerada culpada de traição quando entrava lá; de fato, a palavra tradicional em cambojano para preso, *neak thos*, significa literalmente "pessoa culpada".[8]

Um historiador afirmou: "Da mesma forma que Joseph K em *O processo*, o romance de Kafka, eles não foram acusados porque eram culpados; eram culpados porque foram acusados".[9] O Khmer Vermelho usava uma frase que resumia muito bem sua estratégia: "Melhor destruir dez inocentes que deixar um inimigo escapar".[10]

Kaing Guek Eav, cujo nome de guerra era Camarada Duch (pronuncia-se *Doik*) e que no passado fora professor de matemática, presidia a instituição com brutal eficiência burocrática.[11] Com fria precisão, compilou documentos de cada sessão de tortura, de cada confissão forçada e de cada assassinato cometido.

Todos os prisioneiros eram fotografados quando chegavam. Sobre uma lista de oito adolescentes e nove crianças, Duch escreveu: "Mate-os todos". Em outra ordem, registrou: "Use o método quente, mesmo se isso o matar". Suas anotações referentes a outros prisioneiros ordenavam "levar para execução", "fazer interrogatório" ou "experiência médica".[12]

Algumas vezes, os torturadores do S-21 forçavam confissões pendurando os prisioneiros de cabeça para baixo, com a cabeça enfiada em um balde com urina e fezes. Em outras ocasiões, davam-lhes choques elétricos, sufocavam-nos com sacolas plásticas ou batiam neles com fios elétricos. Para economizar balas nas execuções, eles

---

[7] Dunlop, Nic, **The Lost Executioner**, p. 19.
[8] Chandler, David, **Voices from S-21**, p. 6.
[9] Ibid., p. 77.
[10] Dunlop, Nic, **The Lost Executioner**, p. 23.
[11] O nome de Duch foi apresentado de diferentes maneiras em artigos e livros. Entretanto, Chistopher LaPel me deu a fotocópia de um escrito do próprio Duch, no qual ele claramente escreve seu nome como Kaing Guek Eav.
[12] Mydans, Seth. 70's Torturer in Cambodia Now Doing God's Work, **The New York Times** (May 2, 1999).

cortavam gargantas, golpeavam cabeças com uma pá e quebravam pescoços com uma enxada. Os bebês eram jogados do alto de sacadas ou tinham a cabeça esmagada em uma árvore.[13]

Quando o Khmer Vermelho caiu diante de um grupo militar cambojano apoiado pelos vietnamitas em 1979, as tropas encontraram no S-21 cerca de 14 corpos inchados, piscinas pegajosas de sangue e inúmeros instrumentos de tortura. Duch não teve tempo de destruir os registros antes de fugir, o que o levou a ser condenado por seus superiores. Ele desapareceu, presumivelmente morto.

Durante esse reinado do terror, mais de 14 mil prisioneiros passaram pelo S-21. Sabe-se de apenas 7 que sobreviveram. A prima de LaPel e o namorado dela estavam entre os que foram sepultados em covas rasas nas proximidades.

— Choro quando penso no que aconteceu com ela — disse LaPel.
— S-21 é agora um museu do genocídio. O irmão mais novo dela me levou lá em 1993. Há centenas de retratos de prisioneiros nas paredes.

Ele derramou algumas lágrimas. — Encontramos o retrato da minha prima.

Sua linguagem corporal era muito clara. Ele não queria falar mais nada a respeito.

Uma vida transformada

Em 1994, quinze anos após a queda do regime de Pol Pot, LaPel e um grupo de sua igreja compraram uma propriedade rural e construíram uma igreja na província de Battambang, no noroeste do Camboja. No ano seguinte, ele voltou lá e ficou duas semanas treinando a liderança de cerca de cem líderes locais.

Um dos principais daqueles líderes locais convidou um amigo, Hang Pin, que lecionava em uma aldeia não muito longe dali. Hang estava na casa dos 50 e era muito magro; sua principal característica

---

[13] MURPHY, Mary. Is There Anything God Can't Forgive?, **Purpose-Driven Magazine** (February 21, 2012).

física eram suas orelhas proeminentes. Ele falava tailandês e um pouco de inglês, e ensinara a língua khmer durante um período no Instituto de Línguas Estrangeiras em Beijing, China.

Embora não fosse cristão, Hang concordou em participar do treinamento dado por LaPel, porque estava sofrendo uma crise de depressão e buscava encorajamento. Sua casa fora invadida, e ordenaram a todos da sua família que se deitassem no chão. Sua esposa, Rom, foi morta com um golpe de baioneta, e Hang foi esfaqueado nas costas, um castigo tradicional do Khmer Vermelho para a traição.[14] Ele se recuperou, vendeu tudo o que possuía e se mudou para o distrito de Svay Chek, onde atuaria como professor em uma escola.

— Ele era tímido, quieto, introvertido e desanimado, e sempre se assentava no fundo da sala — lembrou LaPel.

Tipicamente, LaPel terminava as aulas com um apelo, chamando à frente todos os que queriam receber o perdão e a liderança de Cristo. Muitos dos que participavam já eram seguidores de Jesus; então geralmente poucos respondiam. Mas, ao fim de uma daquelas aulas, LaPel ficou surpreso ao ver que Hang foi à frente, junto com alguns outros.

— Eu lhe disse: "Gostaria de orar por você. Você quer dizer alguma coisa?" — LaPel contou.

— O que ele respondeu?

— Ele disse que fez muita coisa má em sua vida: "Não sei se os meus irmãos e as minhas irmãs poderão perdoar os pecados que cometi". Ele estava sentido, cheio de remorso.

— Você pediu que ele desse detalhes?

— Não, eu estava mais preocupado com o presente. Será que ele estava realmente arrependido e tinha entendido o perdão como um dom da graça de Deus? Sim, ele estava arrependido de fato. Eu lhe disse: "Deus o ama. Ele pode perdoar você". Orei com ele e no dia

---

[14] Ibid.

seguinte o batizei no rio Sangke. Raramente vi uma transformação tão imediata em alguém.

— É mesmo? Como assim?

— Sua atitude, seu comportamento, tudo mudou. Ele passou a se assentar na fileira da frente. Estava bem vestido, animado, fazia perguntas e interagia com entusiasmo. Ele era o mais atento dos alunos. Tomava notas cuidadosamente e lia a Bíblia com avidez. Mal podia esperar para começar uma igreja em sua aldeia.

Não demorou para que Hang recebesse seu certificado por completar o treinamento. — Eu me lembro de quando tiramos a fotografia da turma — disse LaPel. — Ele estava do meu lado, bem na frente. Coloquei a minha mão em seu ombro.

Mais tarde, LaPel soube que Hang tinha voltado para sua aldeia e levado seus filhos a Cristo, batizando-os. — Depois, ele iniciou uma igreja doméstica — disse LaPel. — Logo já eram 14 famílias. Continuamos em contato, e ele voltou para receber mais treinamento.

Dois anos mais tarde, dada a violência militar naquela região, Hang foi para Ban Ma Muang, um acampamento com 12 mil refugiados na Tailândia. Começou a trabalhar para o Comitê Americano de Refugiados, treinando obreiros de saúde e salvando incontáveis vidas ao ajudar a conter um surto de febre tifoide.[15]

Um oficial do comitê disse que ele foi "nosso melhor funcionário, altamente respeitado na comunidade, muito inteligente e dedicado a ajudar os refugiados". Um jornalista o descreveu como um líder humanitário.[16]

Quando a violência acalmou no Camboja, Hang retornou e trabalhou com a Visão Mundial, um ministério de serviço cristão, para providenciar cuidados de saúde para mulheres e crianças. Um líder da Visão Mundial disse que ele era "genuinamente popular com as pessoas".[17]

---

[15] V. Dunlop, Nic, **The Lost Executioner**, p. 254-262.
[16] Ibid., p. 279, 254.
[17] Ibid., p. 262.

Com o tempo, LaPel e Hang perderam o contato. Isso até um telefonema que LaPel recebeu em sua casa em Los Angeles em abril de 1999.

O telefonema que mudou tudo

A pessoa do outro lado da linha se apresentou como repórter da Associated Press. — Você poderia nos ajudar a identificar um dos seus discípulos? — ele pediu.

— Um dos meus discípulos? — LaPel respondeu. — Muitas pessoas participam dos meus treinamentos.

O repórter descreveu o indivíduo: — Não muito alto, magro, orelhas que se destacavam.

— Sim, eu o conheço — disse LaPel. — Hang Pim. É um dos nossos pastores leigos.

— Bem, ele era da linha-dura do Khmer Vermelho — disse o repórter.

LaPel ficou de queixo caído. — O que você quer dizer com isso?

— Ele era do alto escalão do Khmer Vermelho. Um assassino, um genocida. Estava no comando do S-21. Hang Ping era o Camarada Duch!

LaPel se ajoelhou e deu um tapa em sua testa. Percorreu mentalmente todo o caminho desde a prima assassinada até o museu do S-21, passando pelo dia em que batizou Hang Pin. *Será possível? Como isso pode ter acontecido?*

Lentamente, a história veio à tona. O repórter fotográfico Nic Dunlop rastreou Duch em sua aldeia na selva, e depois o repórter investigativo Nate Thayer, que tinha entrevistado Pol Pot, confrontou Duch a respeito de sua identidade.[18]

No começo, Duch foi evasivo. Mas depois rapidamente admitiu seu passado. — É vontade de Deus que vocês estejam aqui — Duch disse.

---

[18] Dunlop descreve seu encontro com Duch em Dunlop, Nic, **The Lost Executioner**, p. 267-278. Thayer narra a experiência em <http://natethayer.typepad.com>.

— Agora o meu futuro está nas mãos de Deus. Já fiz muita coisa ruim na vida. Agora é a hora de suportar as consequências dos meus atos.

Dunlop e Thayer mostraram a Duch cópias dos documentos que ele tinha assinado para autorizar execuções. Mesmo para um correspondente estrangeiro experiente como Thayer, parecia que Duch estava com remorso genuíno.

— Sinto muito. As pessoas que morreram eram boas — disse Duch com lágrimas nos olhos. — Na primeira metade da minha vida, pensei que Deus era muito mau e que apenas homens maus oravam a Deus. A minha falha foi que não servi a Deus; servi a homens, servi ao comunismo. Sinto muitíssimo pelas mortes e pelo passado; eu queria ser um bom comunista.

Contudo, ele disse que agora tinha um novo propósito: — Quero falar a todos a respeito do evangelho.

Duch prontamente confessou seus crimes e disse que testemunharia contra outros oficiais do Khmer Vermelho para que eles também fossem levados à justiça. Antecipando sua própria prisão e julgamento, Duch disse: — Tudo bem. Eles têm o meu corpo. Jesus tem a minha alma. É importante que essa história seja entendida. Quero contar tudo claramente a vocês.

E Thayer disse que ele o fez.

Duch se entregou às autoridades e posteriormente foi julgado por um tribunal das Nações Unidas por crimes contra a humanidade, assassinato e tortura. Ele não escondeu seu passado, como outros oficiais do Khmer Vermelho tentaram fazer.

Seu testemunho tornou-se manchete ao redor do mundo em razão da clara confissão de suas faltas. "Sou o responsável pelos crimes cometidos no S-21, especialmente a tortura e execução de pessoas", ele confessou aos cinco juízes do tribunal internacional. "Será que posso pedir perdão aos sobreviventes do regime e às famílias das vítimas cujos entes queridos morreram brutalmente no S-21?"[19]

---

[19] GAINES, Adrienne S. Notorious Cambodian Killer Seeks Forgiveness, **Charisma** (April 2, 1999).

Depois daquilo Duch foi levado algemado para o S-21 salpicado de sangue a fim de encarar seus acusadores. Ele teve uma crise de choro e disse: "Peço o perdão de todos vocês. Sei que vocês não podem me perdoar, mas peço pelo menos que me deem a esperança de que poderão fazê-lo".

Um dos poucos sobreviventes do S-21 exclamou: "Estas são as palavras que espero ouvir há trinta anos!".[20]

Condenado por seus crimes, Duch hoje está trancafiado em uma prisão em Phnom Penh pelo resto de sua vida. Essa decisão é definitiva. O sistema judicial não permite apelação.

Uma conversão verdadeira?

Christopher LaPel e o pastor leigo que ele conheceu como Hang Pin, agora desmascarado como o infame Duch, finalmente estiveram frente a frente em 2008, depois que Duch já tinha passado nove anos em uma prisão militar aguardando julgamento. Um advogado do tribunal internacional providenciou o encontro na prisão de Duch em Phnom Penh.

Tentei me colocar na posição de LaPel. *O que eu diria a Duch? Que palavras seriam adequadas? Como eu reagiria?*

— Qual foi a primeira coisa que você disse a ele? — perguntei a LaPel.

— Eu declarei: "Antes de começar, quero dizer que o amo como meu irmão em Cristo. E o perdoo pelo que você fez a minha família".

— Foi simples assim? — perguntei, estalando os dedos.

Ele balançou a cabeça. — Não, não foi tão fácil. Tive muito tempo para pensar e orar a respeito antes daquele encontro. Como eu poderia receber o perdão de Cristo pelos meus pecados e ao mesmo tempo me recusar a perdoar alguém pelos pecados dele, não importa quão ofensivos fossem?

---

[20] Bɪᴢᴏᴛ, François. My Savior, Their Killer, **The New York Times** (February 17, 2009).

— E como ele respondeu?

— Vi lágrimas em seus olhos. Quanto a mim, senti alegria e paz naquele momento. Eu me senti libertado.

— O que aconteceu depois?

— Oramos juntos e, depois que louvamos a Deus, servi a santa ceia a ele. E então li o salmo 23 em voz alta.

A passagem bíblica familiar veio à minha mente: "*O Senhor é o meu pastor; de nada terei falta* [...]. *Preparas um banquete para mim à vista dos meus inimigos* [...]".

Perguntei: — Vocês falaram sobre o que aconteceu no S-21?

— Não, sou o pastor dele, não o promotor. Duch me disse: "O Espírito Santo me convenceu no meu coração. Tenho de contar ao mundo o que fiz ao meu povo. Vou contar a verdade, e a verdade me libertará".

Desde então, toda vez que LaPel vai ao Camboja, ele visita Duch na prisão. Sua permissão judicial, concedida em virtude de sua condição de pastor, o qualifica como um dos poucos que têm permissão para ver aquele prisioneiro. LaPel levou Bíblias em cambojano para Duch, uma delas com letras grandes, além de um livro de cânticos e um estojo para a ceia do Senhor. Todo domingo, como parte de seu culto particular, em uma prisão na qual não há outros cristãos, Duch serve a ceia do Senhor a si mesmo em sua cela parcamente mobiliada.

— Desde que foi condenado à prisão perpétua, qual é o comportamento dele? — perguntei.

— Quando ele me vê, corre na minha direção, com lágrimas nos olhos. Ele é alegre e está em paz. Claro, carrega o peso de seus crimes, mas é muito grato a Deus por sua graça. Ele está compartilhando sobre Jesus com os guardas e com os outros presos, que também eram do Khmer Vermelho. E lhes assegura que o perdão também está disponível para eles.

— O que ele lhe disse?

— Ele me disse: "Não sou um preso. Sou um homem livre. Eu me alegro a cada dia da minha vida. Mereço a morte. Mereço esta punição. Mas tenho Jesus; então tenho amor. Se eu tivesse conhecido Jesus antes, jamais teria feito o que fiz. Eu não sabia a respeito do seu amor".

LaPel foi convocado para testemunhar no julgamento de Duch. O painel, constituído por três juízes do Camboja, um da França e um da Nova Zelândia, parecia estar fascinado pela descrição que LaPel fez da metamorfose espiritual de Duch.

O pastor descreveu como Duch admitiu que era pecador, recebeu a Cristo como Senhor e Salvador e foi batizado. Ele falou a respeito dos conceitos cristãos de perdão, graça e conversão. E discutiu o valor da reconciliação.

— Durante noventa minutos, eles me permitiram pregar as boas-Novas — LaPel contou.

Em certo momento, um juiz se inclinou para a frente e fez a pergunta que estava na mente de todo mundo: — Essa conversão foi verdadeira?

LaPel tinha jurado sobre a Bíblia que diria a verdade.

Ele simplesmente respondeu: — Sim.

Quebrando o ciclo

O budismo theravada é em geral a religião dominante no Camboja, praticado por nove em cada dez habitantes, e está entretecido na cultura cambojana.[21] O destino de Duch estava claro na teologia budista: seus graves pecados o seguiriam como um carma ruim, com o qual ele teria de lidar durante sucessivas vidas.

De fato, quando a jornalista Mary Murphy foi ao Camboja em 2008 para cobrir a história de Duch, ela se encontrou com alguns monges budistas que zombaram da notícia daquela conversão.

---

[21] "Cambodia", <http://www.state.gov/j/drl/rls/irf/2010/148861.htm>. Acesso em: 17 jul. 2013.

— Duch se tornou cristão para ganhar pontos — insistiu um deles, predizendo que Duch voltaria na próxima vida de uma forma que refletisse a profundidade de sua depravação. Indagado sobre qual seria essa forma, ele respondeu: "Um inseto".[22]

Contei isso para LaPel: — Para muitas pessoas, essa seria uma forma melhor de justiça, dada a brutalidade dos crimes de Duch.

— Justiça, talvez. Mas a graça não é justa. E todo mundo deveria ser grato por isso, não apenas Duch. Se Deus negasse graça a Duch, traçando uma linha e dizendo: "Você não", quem seria capaz de dizer onde a linha seria traçada da próxima vez? A morte de Jesus tem valor infinito porque ele é um Deus infinito; esse sacrifício cobriu todos os pecados do mundo. Se dissermos que algum pecado é horrível demais, estaremos dizendo que Jesus fracassou em sua missão. A graça só é graça se estiver disponível para todos os Duchs do mundo. De fato — disse ele, apertando-se em sua poltrona —, é difícil para nós compreendermos isto: Deus ama a Duch assim como ama a você e a mim.

Permiti a mim mesmo sentir todo o impacto dessa declaração e observei: — É difícil aceitar isso.

LaPel continuou: — A verdade é que Deus olhou por baixo da sujeira que cobria a vida de Duch e viu um coração feito à sua imagem. Essa imagem é obscurecida, mas nunca destruída. Quando a Bíblia diz que Deus ama o mundo, não há uma nota de rodapé que apresente exceções. A graça de Deus é inexaurível.

— Talvez pensemos não precisar tanto da graça como o Duch, porque os nossos pecados não são tão terríveis. Nós convenientemente nos esquecemos das nossas várias formas de idolatria, das nossas blasfêmias, das nossas transgressões diárias dos ensinos de Deus. Não, nós não merecemos a graça, nem o Duch merece. Para cada um de nós, é um presente.

---

[22] MURPHY, Mary, Is There Anything God Can't Forgive, **Purpose-Driven Magazine**.

— Mesmo assim — eu disse a LaPel —, basta fazer uma oração para apagar a penalidade de tantos crimes horríveis?

— Uma simples oração? Não, é muito mais que isso. Quando verdadeiramente vamos a Deus em arrependimento e fé, quando confessamos os nossos pecados e os abandonamos, ele promete nos perdoar. Agora, é verdade que Duch sofrerá a justiça deste mundo; ele nunca mais caminhará pelas ruas. Mesmo que Deus o tenha perdoado, ele sempre sentirá remorso por seus crimes.

Seu comentário me fez lembrar uma conversa que tive certa vez com o filósofo cristão Ravi Zacharias, que poderia muito bem descrever Duch, quando ele disse: "Quanto mais você estiver em sintonia com Cristo, mais profunda será a sua dor pelo que você fez".[23]

Contudo, as vítimas de Duch estão enterradas em sepulturas coletivas nos campos de extermínio de Choeung Ek, enquanto ele aos poucos ganha peso ao fazer três refeições por dia na prisão. Frequentemente, a nossa exigência de retribuição bate de frente com a generosidade da graça.

— Se Jesus é o único caminho para a salvação — eu disse —, a ironia é que, enquanto suas vítimas budistas vão para o inferno, Duch vai passar a eternidade no céu.

LaPel coçou o queixo e respondeu: — Sim, creio que Jesus é o único caminho para o céu; e é por isso que passo a minha vida falando a respeito dele para as pessoas. Nenhum de nós é verdadeiramente inocente; todos pecamos, e o único caminho pelo qual uma pessoa pode ter confiança de sua própria salvação é recebendo perdão através de Cristo. Ainda bem que o perdão está disponível a todos os que desejam recebê-lo.

— Mas quanto uma pessoa precisa saber para ser salva? — perguntou ele. — Se uma pessoa clama a Deus por misericórdia imediatamente antes de morrer, Deus a ouvirá? Se eles buscarem o único

---

[23] STROBEL, Lee, **The Case for Faith**, p. 159. [**Em defesa da fé. São Paulo: Vida, 2002.**]

Deus verdadeiro da melhor maneira que souberem, Deus os ouvirá? Ninguém é salvo senão pela obra de Cristo na cruz, mas somente Deus sabe quanto uma pessoa precisa entender para responder adequadamente. A Bíblia assegura que Deus fará o que é justo.[24] E eu tenho total confiança nisso.

Perguntei a ele o que o resto do Camboja pensa: — Eles concordam com o comentário do monge, ou acreditam que até mesmo Duch pode ser redimido?

— Muitos o estão ouvindo falar sobre sua fé convicta e comentam: "Vejam como Deus pode mudar uma vida". Estão surpresos de ele ter admitido sua culpa e pedido perdão humildemente. Eles dizem: "Vejam esses cristãos; eles estão perdoando. Por que não podemos fazer o mesmo? Penso que isso ajudará as igrejas no Camboja. Deus está abrindo corações e mentes para verem que Jesus é amor e pode trazer cura e esperança.

— Isso é muito importante — continuou ele —, porque a graça é desconhecida no budismo. Muitos cambojanos estão presos à ira e ao rancor; não sabem como se libertar disso. Algum dia isso pode irromper em outra era de violência. Talvez se os cambojanos puderem aprender da história de Duch, isso possa romper o ciclo.

— Será que Deus — ele perguntou — não transformará os campos de extermínio em campos de colheita?

---

[24] "[...] Não agirá com justiça o Juiz de toda a terra?" (Gênesis 18.25).

Capítulo Seis

O sem-teto

Um gesto de graça pode mudar uma vida

> "Graça significa que não há nada que possamos fazer para Deus nos amar mais [...] e não há nada que possamos fazer para Deus nos amar menos."
>
> — Philip Yancey[1]

Ele estava remexendo uma caçamba de lixo atrás de uma pizzaria em Las Vegas, procurando restos de asas de frango e de crosta de *pizza*, quando subitamente a desesperança o atingiu com toda a força.

Onde fui parar? Estou comendo sobras de comida em latas de lixo. Estou dormindo na poeira. Estou sujo e malcheiroso. Estou morrendo de fome. E não há escapatória. Ó Deus, não há futuro nem esperança. Por que fizeste isso comigo? Ele surtou no lixo e começou a soluçar. As lágrimas não paravam de cair.

— Se eu tivesse um revólver, colocaria na minha boca e puxaria o gatilho — foi o que Cody Huff relatou. — Juro a você que eu teria feito isso. Teria acabado com tudo. Viciado, eu entrava e saía da cadeia; era um sem-teto. As pessoas me evitavam, e perdi o último grama da minha dignidade. Eu odiava a mim mesmo, odiava a minha vida, e odiava a Deus.

Mais uma vez, ele começou a chorar. — Aquele foi o dia em que cheguei ao fundo do poço. Eu não podia descer ainda mais baixo.

---

[1] YANCEY, Philip, **What's So Amazing About Grace**, p. 70 [**Maravilhosa graça**. 2. ed. ampliada. São Paulo: Vida, 2011.]

— Ele mexeu no bolso procurando um lenço. — Eu estava faminto, exausto, desesperado, envergonhado. Não tinha mais nada a perder. Você sabe o que é se sentir assim? Eu não *tinha* nada, eu não *era* nada.

Cody estava caminhando inexoravelmente para a destruição. Fora ladrão, traficante de drogas, falsário e estelionatário. Fora espancado e esfaqueado, além de ter levado um tiro. Chegou a ter uma montanha de dinheiro, mas torrou tudo em metanfetaminas e heroína.

Sua vida estava em uma espiral descendente, e ele se deu conta de tudo isso em um momento. Não, não naquele momento, não quando ele estava chorando amargamente no lixo. Aquilo parecia ser o fim, mas ele descobriu que não era.

Haveria uma breve, improvável e espontânea experiência de graça ainda por vir, e, com a experiência dele, tive uma percepção de como levar a graça aos outros.

Escola de gladiadores

Com cabelo grisalho espetado, cavanhaque e braços tatuados, Cody estava assentado à minha frente em uma cadeira acolchoada sem braços. Sua face estava desgastada, sua voz parecia áspera algumas vezes; era resultado de um chute levado na garganta após ter sido assaltado por uma gangue anos atrás. Ele parecia ter mais que seus 60 anos. Mas seu aspecto era humilde, e ele falava com candura dolorosa sobre uma vida que não havia passado de uma longa e assustadora descida em direção ao inferno.

— O meu pai? Não, eu não o conheci. Ele tinha 19 anos quando engravidou a minha mãe. Ela tinha 14. Eles foram forçados a se casar, mas ele então sumiu — disse Cody.

— Você já teve algum contato com ele? — perguntei, com a minha caneta em cima de um bloco de notas.

— Muitos anos depois, entrei em contato por telefone e perguntei se ele tinha curiosidade em saber o que havia acontecido comigo — Cody respondeu. — Ele me respondeu: "Não, não mesmo".

A mãe de Cody saiu da escola, trabalhou como garçonete e depois como caixa de um banco em uma pequena cidade ao norte de Sacramento. Cody não gosta de falar sobre os abusos físicos que sofreu. Diz apenas que a vida era traumática e caótica, o que o levou, aos 12 anos, a fumar maconha como uma fuga. No ano seguinte, ele foi morar em uma comunidade *hippie* em uma velha casa em estilo vitoriano em San Francisco.

— Lá estava eu: aos 13 anos de idade, vendendo um jornal alternativo nas ruas, ganhando dinheiro para comprar comida e drogas. Havia entre 14 e 18 pessoas morando naquela casa. Tínhamos a parada *verdadeira* — LSD-25 laranja, cogumelos alucinógenos, mescalina. Provavelmente, tomei LSD umas 200 vezes na minha vida.

As autoridades descobriram Cody quatro meses depois, o que o levou pela primeira vez à casa de detenção juvenil. Pouco tempo depois, ele já estava solto, mas acabou preso por seu primeiro crime, um acidente automobilístico em um racha, e terminou enviado para a Autoridade Jovem da Califórnia. Era uma prisão para adolescentes. Ele tinha 15 anos.

— Nós tínhamos um nome para aquele lugar: Escola de Gladiadores. Isso porque, na verdade, eles lhe davam a tampa de um latão de lixo e um bastão, e você estava por sua própria conta — ele explicou. — Aprendi a lutar, a fazer e a vender drogas. Era uma escola que ensinava a conduzir uma empresa do crime. Aprendi rápido. E um ano mais tarde, quando fui solto, pus em prática tudo o que aprendi.

Da prisão para o hospital em Vegas

Não demorou até que Cody se tornasse um empresário bem-sucedido... no comércio de drogas ilícitas.

— Eu tinha material de primeira: cocaína, psicodélicos, maconha. E oferecia um excelente serviço aos fregueses. Possuía até uma tubulação para vender drogas aos internos da Prisão Soledad. Logo eu ganhava milhares de dólares por semana e vivia na praia perto de Monterey. Estava sempre em festas e *shows* de *rock*. Comprava o que queria na hora em que queria. Então, fiz algo inacreditavelmente burro. Coloquei uma agulha no meu braço.

— Heroína?

— Sim. Em seis meses, estava usando dez pacotes por dia. Com a heroína, você chega a um ponto em que não se importa se comeu ou se tem um lugar onde dormir; sua única preocupação é em levar a próxima picada. Comecei a vender tudo o que tinha só para comprar a droga. Logo já havia perdido tudo e comecei a praticar furtos e roubos. Eu trabalhava com prostitutas, fingindo que era um policial que invadia os quartos e roubava os clientes. Certa vez, consegui uma chave mestra em um hotel e roubei 40 aparelhos de televisão. Quando me pegaram, eu tinha uma agulha hipodérmica e um pouco de heroína no bolso de trás da calça. Fui condenado a um ano de prisão.

Pelo menos, pensei, *isso o forçou a passar por uma desintoxicação.* — Você saiu limpo?

— Sim, saí. Mas sabia que metade de Monterey queria me matar pelas coisas que eu tinha feito; então peguei algumas peças de roupa e fui para San Diego.

— Você decidiu se emendar na vida?

— Oh, não. Comecei a roubar casas. Mais uma vez, fui bem-sucedido e passei dois anos sem ser pego. Usava drogas de vez em quando, mas não heroína. E, dependendo de quanto dinheiro eu tinha, assaltava uma casa uma vez por semana, ou até mesmo uma vez por mês. Mas tudo terminou quando alguém me viu pular a janela de uma casa na praia e chamou a polícia. Quando saí dali, eles me prenderam. Com o meu histórico, o juiz me deu uma pena de um a quinze anos na prisão.[2]

---

[2] Diferentemente do que acontece no Brasil, o sistema judiciário nos Estados Unidos permite que se apliquem penas por tempo indeterminado. A duração da pena pode variar dependendo de algumas circunstâncias. Neste caso, Cody Huff foi condenado a uma pena variando entre o mínimo de um ano e o máximo de quinze. [N. do T.]

— Em que você pensou quando o juiz declarou essa sentença?

Cody pressionou os lábios. — Eu não estava pensando em um ano; eu estava pensando em quinze. Calculei: *Terei 40 anos quando sair. Serei um velho!* Na manhã seguinte, eu estava algemado, acorrentado e sendo levado no ônibus carcerário para a Penitenciária do Estado da Califórnia, em Chino. Eu ainda era jovem. Já tinha passado pela casa de correção juvenil e pela cadeia, mas uma penitenciária? Aquele era o lugar mais assustador que eu tinha visto. Felizmente tudo correu bem comigo, porque os contatos que eu tinha no submundo me deram proteção.

Libertado após um ano, Cody voltou para San Diego e foi morar com uma mulher que trabalhava como enfermeira particular. — Cody, por que você não vai para a escola de enfermagem? — ela sugeriu um dia. Surpreendentemente, ele concordou, e aquele que foi expulso da escola de ensino médio e ex-presidiário formou-se em enfermagem do trabalho.

De alguma maneira, Cody foi contratado por um hospital de prestígio que não se importou em verificar seus antecedentes, e, desde então, os empregadores futuros nunca questionaram seu currículo. Aquela credencial foi bilhete premiado.

Durante quatro anos, ele teve empregos respeitáveis como enfermeiro. Mas então ele e sua namorada romperam. — Sempre que estou para baixo emocionalmente, volto para a minha antiga amiga, a heroína — ele disse. — Cheguei ao fundo do poço. Estava desesperado para ter um novo começo; então fui para um lugar novo: Las Vegas.

— Vegas? Sério?

— Sim, e essa foi outra decisão estúpida — ele complementou.

— Se você está tentando se livrar das drogas e das confusões, Vegas é o último lugar do mundo aonde deve ir.

— Fale sobre seus primeiros dias lá.

— Eu me assentei em um bar. Um cara bebendo cerveja perguntou: "O que você está fazendo em Vegas?". Ele parecia ser legal; então respondi: "Eu me envolvi com drogas e, para lhe dizer a verdade, estou me sentido mal agora". Ele perguntou: "Você quer se sentir bem?".

Respondi: "Você conhece alguém?". Ele disse: "Se *conheço* alguém? *Eu sou* alguém!".

— Caminhamos por dois quarteirões, e ele me vendeu heroína, o que não passou de outra descida ladeira abaixo, que me deixou mal muito depressa. Comecei a usar drogas, a ir a festas, a gastar loucamente as minhas economias como enfermeiro. Em três meses, eu estava sem dinheiro.

Foi quando Cody aprendeu a fazer dinheiro, literalmente. — Entrei para uma quadrilha de falsários — ele explicou. — Usávamos chumbo para fazer dólares de prata. Não estou brincando; você não seria capaz de dizer qual era o verdadeiro e qual era o falso. Faríamos mil deles e os usaríamos em máquinas caça-níqueis. Trocaríamos o nosso dinheiro falsificado pelo dinheiro verdadeiro deles e depois iríamos comprar drogas. Acima de tudo, eu precisava sustentar o meu vício.

Depois de dois anos, o FBI, a polícia e as autoridades da jogatina de Nevada começaram a perseguir Cody. Espalharam por toda a cidade um cartaz de "Procurado" com o retrato dele. Sabendo que seria questão de tempo para ser capturado, Cody se entregou, e foi condenado a mais um ano na penitenciária.

Cody suspirou: — Aquilo não tinha fim. Eu ganhava tudo e depois perdia tudo. Larguei as drogas, mas depois voltei a usá-las. Consegui um emprego honesto como enfermeiro, mas depois voltei para o crime. Ao todo, passei oito anos na cadeia. É muito tempo atrás das grades, Lee: *oito anos*. Isso faz que aconteça algo no seu coração. Faz que ele fique duro como couro.

Como ser um sem-teto

Mais uma vez fora da cadeia, Cody foi procurado para ser cuidador de uma senhora de 80 anos em troca de hospedagem. Cansado da vida que estava levando, reconheceu que essa era uma oportunidade de se emendar. Logo ele estava preparando as refeições da senhora, faxinando a casa, aparando a grama do jardim, levando-a ao médico para consultar. Ele estava livre das drogas, e ela começou a pagar-lhe um salário.

— Com o passar do tempo, aquela mulher tornou-se como uma avó para mim — ele relatou. — Veja só, nunca tive uma família. Nunca soube o que é ter alguém que simplesmente me amasse. Contei a ela tudo a respeito do meu passado e disse: "Então, Mimi, é com isso que você está lidando". Mas Mimi, conforme Cody descobriu, era cristã e disse: "Quer saber de uma coisa? Deus perdoa você; então eu o perdoo também".

Quanto mais Mimi o encorajava, mais ele queria servi-la. Ele era seu cuidador e seu neto "postiço" ao mesmo tempo. Nos dias de folga, Cody transformou sua paixão pela pesca em uma fonte de lucro adicional, ganhando campeonatos profissionais de categorias de base e engordando sua conta bancária. Parece que pela primeira vez sua vida estava saudável, até que Mimi desenvolveu uma síndrome cerebral aguda e rapidamente começou a deteriorar.

— Eu a amava e tive de vê-la definhar. Aquilo partiu o meu coração. Eu não podia suportar. Sabia que precisava ser forte, mas nunca havia dedicado tanto amor a um paciente e não sabia o que fazer.

— Um dia, eu estava na casa de um amigo e ele acendeu um cachimbo para fumar *crack*. Eu pedi: "Deixe eu dar um trago". Ele olhou para mim e falou bem sério: "Cody, você não quer um trago disto...". Eu retruquei: "Quero sim". Não demorou para que eu estivesse fumando 1.000 dólares de *crack* por noite. Aquilo era pior que a heroína. Então, Mimi morreu, e alcancei o fundo do poço. Não me importava com nada. Só queria saber de mulheres e de *crack*, só isso.

Em um ano e meio, Cody torrou todas as suas economias. Foi despejado e então começou o ano como um sem-teto nas ruas poeirentas de Las Vegas, longe das luzes resplandecentes da região dos cassinos.

— Eu não tinha para onde ir, não tinha dinheiro, usava drogas, e não sabia o que fazer — lembrou ele. — Eu não sabia nem o que é ser sem-teto. Coloquei uma calça *jeans* e algumas camisetas em uma mochila, alguns pares de meia, uma escova e alguns tubos de creme dental. Nem pensei em pegar um saco de dormir.

— No primeiro dia em que saí por aí, entrevistei alguns sem-teto. Eu dizia: "Meu nome é Cody e nunca fui um sem-teto. Posso fazer algumas perguntas? Como você toma banho? Onde vai ao banheiro? Qual é a melhor parte da cidade onde dormir? Como você se alimenta?".

— Naquela primeira noite, dormi em um lugar sujo e, quando acordei, estava com muita fome. Eu me aproximei de um homem e pedi: "O senhor poderia me dar algum dinheiro para eu comprar um hambúrguer? Não como nada desde ontem". Disse isso e comecei a chorar. Ele me respondeu: "Vá arrumar um emprego!", e comecei a xingá-lo.

— Eu não podia mais ficar pedindo ajuda. Era humilhante. Consegui juntar um dinheiro e comprei um frasco de limpador de vidros. Quando as pessoas chegavam a um *shopping center*, eu oferecia: "Posso limpar o vidro do seu carro...". Eles perguntavam: "Quanto você cobra?". Eu dizia: "Pode me dar quanto você quiser". Foi assim que me virei quando era um sem-teto.

— Como era o seu dia?

— Eu trabalhava direto, dia e noite, três dias sem parar. Quando juntava 40 ou 50 dólares, pegava um ônibus para a Freemont Street, que é onde os vendedores de *crack* ficam, e torrava tudo com *crack*.

— Quanto tempo você demorava para fumar essa quantidade?

Ele deu de ombros. — Dez minutos.

— E depois?

— Eu pegava o ônibus de volta, ia a outro *shopping center* e trabalhava de novo, por mais uns três dias seguidos. A essa altura, já estava exausto. Dormia em um parque. Mosquitos voavam por cima de mim, mas eu não importava. De vez em quando, um padre católico levava sanduíches aos sem-teto que estavam por ali. Às 11 da noite, quando o parque fechava, todos os sem-teto tinham de ir até um lugar sujo atrás da delegacia de polícia. Eu tinha lençóis e colchas que achava nas latas de lixo.

Logo, Cody estava no fundo do poço. Foi quando começou a remexer na caçamba de lixo atrás da pizzaria, procurando qualquer coisa que fosse comestível, e se viu dominado pelo desespero. Parecia não haver saída.

— Eu me assentei lá e chorei e chorei. Era horrível ser um sem-teto... Você perde o respeito próprio e a autoestima pouco a pouco. O mundo o faz se sentir como se não tivesse valor. A única coisa que você quer é morrer.

Eles não se importam

— Mas alguma vez você procurou ajuda? — perguntei.

— Sim, uma vez fui ao departamento de saúde mental e implorei: "Sou doido. Preciso de ajuda". Eles disseram: "Não podemos fazer nada por você. Você é um viciado dopado. Saia daqui!".

— Tentei arrumar um emprego. Fiz a barba, arrumei uma camisa limpa, fui ao banheiro do parque e tentei tomar um banho. Usei um bebedouro para cachorros para ensaboar o meu cabelo. Mas mesmo assim eu estava com uma aparência péssima.

— Fui a um comércio e falei: "Vou ser honesto de verdade com você... Sou um sem-teto e não tenho dinheiro nem para me alimentar. Faço qualquer coisa: pintar, limpar, recolher o lixo, lavar seu carro, cuidar do seu jardim". E eles disseram: "Você deve estar brincando! Sai daqui antes que eu chame a polícia".

— Depois de quatro ou cinco meses como um sem-teto, cheguei ao ponto em que não me preocupava com mais nada. Não me importava se os meus dentes caíam ou se eu estava cheirando mal. O meu peso caiu para uns 60 quilos. Se eu tirasse a camisa, você poderia contar as minhas costelas. Eu usava um cadarço para fechar o cinto para que as minhas calças de tamanho pequeno não caíssem. Fui preso várias vezes por atravessar a rua fora da faixa de pedestres, por vadiagem, por fumar *crack* em público e por invadir lugares proibidos.

— Como as pessoas tratavam você?

— Era horrível. Se eu estivesse andando na rua, alguns carros aceleravam a velocidade, como se quisessem me atropelar.

— Sério?

— Sim. Quer saber? Os cachorros são tratados muito melhor. Eu sei o que significa as pessoas não se importarem mesmo que você deite no chão e morra ali mesmo. Francamente, eles não se preocupam.

Eu estava me sentindo culpado pela minha atitude para com os sem-teto com quem me encontrei no decorrer dos anos.

— Como você se virava à noite?

— No inverno, eu sentia frio até os ossos. Não nevava, mas de vez em quando caía uma chuva fininha. Eu pegava um cobertor no lixo e um pedaço de plástico usado pelos pintores. Quando chovia, era isso que me mantinha seco e protegia as minhas tralhas. Algumas vezes quando chovia, eu ia a um abrigo para sem-teto, mas na verdade eles não nos tratam muito melhor. No verão é opressivamente quente, chegando quase a 40 graus, e eu ficava simplesmente sufocado. Não havia alívio.

— Alguma vez você conheceu alguém generoso?

— De vez em quando. Eu me lembro certa vez de estar no estacionamento de uma mercearia e uma mulher chegar em um carro vermelho. Não tenho nenhum problema com a minha perna, mas, quando eu estava limpando vidros de carros, fingia mancar. Então, fui mancando até o carro dela e disse: "Senhora, desculpe-me, mas posso lavar o vidro do seu carro?". Ela respondeu: "Bem, este carro acaba de sair da revisão; então eu não preciso. Mas você está com fome?". Eu disse: "Sim, estou morrendo de fome".

— Ela pegou a bolsa e deu um vale de 5 dólares de uma lanchonete. Aquilo salvou a minha vida. Fui lá e comprei hambúrgueres, batatas fritas e um refrigerante. Torrei o vale inteiro. Cara, aquilo me fez muito bem.

— Depois de meses sem tomar um banho, usando a mesma roupa todo dia, comecei a cheirar horrivelmente mal. Quando voltava de noite, eu fedia tanto que os outros sem-teto sentiam o meu odor a 10 metros de distância. Eles começaram a gritar comigo: "Cody você está fedendo!", "Cody, arrume umas roupas limpas!", "Cody, você precisa de um banho!". Finalmente o rapaz que estava ao meu lado me falou sobre a Igreja Cristã Central.

Aquele nome me soou familiar. — É a igreja onde Jud Whilhite é pastor — eu disse.

— Isso mesmo. Eles deixam os sem-teto tomar banho e fazer a barba, dão roupas limpas, oferecem café da manhã e deixam você participar do culto. Aquilo me pareceu ser uma coisa boa; tudo, menos o culto. Então, eu disse que, no dia seguinte, que era domingo, iria lá com o rapaz. Levantamos às 4 horas da madrugada e andamos mais de 10 quilômetros para chegar lá.

— Valeu a pena pelo café da manhã e pelas roupas?

Ele riu. — Valeu a pena sim, mas não apenas por causa disso — ele disse. — Veja só, aquele foi o dia em que a minha vida mudou.

Um gesto de graça

Cody estava na parte de cima da galeria da Igreja Central, uma megaigreja resplandecente no bairro de Henderson, esperando na fila sua vez para tomar um banho. Havia muitos sem-teto ali; então ele não se sentiu envergonhado. Havia mesas com café da manhã preparadas para eles.

Foi quando, sem que Cody percebesse, uma voluntária de nome Michelle entrou ali. Pequenina, de meia-idade, Michelle supervisionou o salão, então caminhou em direção a ele e o chamou: — Senhor?

Cody se virou e viu que Michelle o olhava bem nos olhos. — Senhor — ela disse —, parece que precisa de um abraço.

Cody ficou espantado. Um *abraço*? Ele estava magro, cabelos despenteados, barba desgrenhada, roupas sujas e amassadas, dentes apodrecendo na boca. Um *abraço*? Ele balançou a cabeça. — Senhora, faz três meses que não tomo banho — ele disse. — Estou cheirando muito mal.

Michelle sorriu e disse: — Você não cheira mal para mim. — Então, ela o envolveu com os braços, olhou nos olhos dele de novo e perguntou: — Sabia que Jesus ama você?

Jesus não pode me amar, Cody pensou. *Sou um sem-teto. Jesus não pode me amar. Sou um viciado em drogas. Sou uma pessoa má.*

— Jesus ama você — ela repetiu cada palavra claramente.

O que Deus pode fazer através de um gesto simples como um abraço? E essas três palavras a respeito de Jesus são suficientes para redimir uma alma perdida? Quanto uma expressão de amor pode acertar o caminho de alguém que está absolutamente perdido?

Naquele momento, em um instante, uma fagulha espiritual acendeu-se em Cody Huff. Desde aquele dia, anos depois, ele não consegue falar a respeito sem que sua voz fique embargada.

— Simples assim, aquele foi o momento da virada na minha vida — ele contou. — Foi como se eu tivesse me encontrado pessoalmente com Jesus. Aquilo foi amor, puro amor.

Michelle não se preocupou com a minha aparência ou com o meu mau cheiro. Foi como se o próprio Jesus estivesse na minha frente e dissesse: "Cody, eu amo você".

— No momento da minha vida em que eu era a menos amável das pessoas, quando todos me evitavam, quando não havia esperança de sair da confusão na qual me encontrava, quando eu cheirava tão mal que nem os outros sem-teto me queriam perto deles, ela estava lá, com essa expressão simples da graça de Deus. E algo aconteceu no meu coração.

— O que foi?

Cody olhou para o lado, pondo seus pensamentos em ordem, e depois olhou para mim. Ele começou a dizer algo, mas parou.

Então, desabafou: — Honestamente, Lee, não sei. Tudo o que posso dizer é que foi um momento espiritual. Foi um simples abraço, mas foi mais que isso... Foi como se o abraço me dissesse: eu o aceito. Eu me importo com você. Você é importante para mim. Você tem valor. Você tem dignidade como ser humano.

— Aquela foi a primeira vez em muito tempo que alguém se importou se eu estava vivo ou morto. Nem eu mesmo me importava mais. Acho que é por isso que continuei a usar drogas; eu esperava que a próxima picada fizesse o meu coração parar de bater.

— E então — disse ele — aquele abraço.... — Cody estalou os dedos. — Aquele abraço mudou tudo.

Uma oração na poeira

Cody tomou banho aquele dia na Igreja Central, vestiu roupas limpas, ingeriu um bom café da manhã e depois foi para o estudo bíblico.

— Alguma coisa mudou imediatamente — ele me disse. — Foi como se uma luz tivesse sido acesa. Quanto mais eu ouvia a respeito de Jesus, mais queria ouvir. Então, Michelle perguntou: "Você quer ir à igreja?". Eu respondi: "Bem, sim, mas, do jeito que eu estou, bem pode acontecer de o prédio vir abaixo!".

— Fomos ao culto, e me sentei na parte de cima da galeria, onde não havia luz, para que ninguém pudesse me ver. O pastor Jud se levantou e se dirigiu a algumas senhoras de idade que reclamavam da altura da música que os garotos estavam tocando: "Vou dizer o que penso sobre isso. Se essa rapaziada está tocando e adorando a Jesus, eu digo: 'Toquem mais alto ainda!' ". Então, eu pensei: *Sim, este é o tipo de igreja que me agrada!*

Desde aquele dia, o apetite de Cody por Jesus se tornou insaciável. Ele ia várias vezes à igreja. Decidiu parar com as drogas. Participou do ministério para os sem-teto. Tudo isso culminou três semanas depois no parque que ele chamava de lar.

— Eu realmente não sabia nada a respeito da Bíblia, a não ser que Deus me ama, que Jesus morreu por mim, que sou um pecador, que o perdão é possível, e que eu o quero — ele me disse.

— Eu não sabia nem como orar. Caí de joelhos, com o rosto na poeira, chorando como um bebê e simplesmente derramei o meu coração. Eu disse: *Deus, estou tão cansado. Estou exausto das drogas. Por favor, tire-as de mim. Estou dirigindo a minha vida, mas tudo o que consegui fazer foi estragá-la. Por que tu não a diriges? Sinto muito por como tenho vivido. Quero entregar a minha vida a ti. Deus, por favor, faze de mim um novo homem.*

— Não posso nem dizer a você por quanto tempo orei. Talvez uns 10 ou 15 minutos... e, quando eu disse "Amém", estava consumido pela mais incrível paz que jamais senti. Era como quando eu surfava; uma onda vinha do oceano e me derrubava. Eu me senti limpo pela primeira vez na vida. Não sabia onde aquilo iria parar, mas, se eu fizesse as coisas direito, Deus tiraria de mim a vontade de usar drogas.

— Isso não acontece com todo mundo — comentei.

— Eu sei. Pode ser um processo e uma grande luta. Mas, para mim, tudo começou a mudar. De fato, naquela noite, havia cerca de 40 sem-teto dormindo naquele parque. Antes, ninguém jamais me ofereceu drogas de graça. Naquela noite, eles me acordaram e me ofereceram cachimbos de *crack*. O meu melhor amigo disse: "Olha, Cody, paguei 10 dólares por isto". Respondi: "Steve, tire isto de perto de mim. Chega. Cara, entreguei a minha vida a Jesus Cristo". Ele perguntou: "O que você quer dizer com isso, Cody?". Retruquei: "Eu não sei exatamente, mas agora pertenço a ele. Não quero mais saber de drogas".

— Três semanas depois fui batizado. Eu estava morrendo de medo na frente de toda aquela gente, mas Michelle estava lá. Ela disse: "Cody, nada vai me impedir de ver você ser batizado".

— Continuei a participar dos estudos bíblicos e dos cultos, toda semana. Eu não me cansava de estudar a Bíblia. Comecei a falar de

Jesus para todo mundo, mesmo sem saber muita coisa a respeito dele. E liderei pequenos estudos bíblicos no parque dos sem-teto, usando uma Bíblia de bolso.

Cody tornou-se um voluntário na igreja. O cozinheiro preparava sanduíches enormes para seu almoço. — Não consigo comer tudo isso — Cody dizia. O cozinheiro embalava os sanduíches e respondia: — Você pode comê-los no jantar.

Não demorou para que, graças a contatos na igreja, Cody conseguisse um emprego e um lugar onde se hospedar. Pela primeira vez em anos, ele estava empregado e pagando suas próprias contas.

Ele continuou trabalhando no ministério da igreja junto aos sem-teto. Uma vez, eles estavam fornecendo refeições a um grupo de sem-teto que vivia debaixo de uma ponte, e Cody viu entre os voluntários uma pessoa que lhe parecia familiar. Ele havia visto aquele rosto antes em algum lugar. *Onde*? Oh, sim, era a mulher do carro vermelho que lhe deu o vale-sanduíche quando ele era um sem-teto.

Ele se apresentou e contou sua história. — Desculpe-me. Dou tantos cupons de vale-sanduíche que não me lembrava de você — ela disse. — Mas estou emocionada ao saber que você é um cristão agora!

Ela é uma boa mulher, pensou. O nome dela era Heather.

Nova vida no parque

Oito anos depois, em uma amena noite de primavera durante uma viagem a Las Vegas, eu observava uma dúzia de homens e mulheres sem-teto reunidos debaixo de uma grande marquise no Myron E. Leavitt Park, na rua em frente ao Jake's Bar. Um homem todo desgrenhado com a perna quebrada chegou em um carrinho de supermercado empurrado por um amigo. A fumaça subia de churrasqueiras nas quais pedaços de frango estavam sendo assados para os que chegavam.

A atenção de todos estava voltada para um homem entusiasmado de cabelos grisalhos que usava camiseta e *jeans*, carregava uma Bíblia em uma mão e apontava para longe com a outra.

— Eu costumava dormir na sujeira não muito longe daqui — ele dizia em um microfone. — Então, uma mulher me deu um abraço e disse que Jesus me ama. Lá está ela, do lado de lá — assentada no fundo. Aquele foi um momento de graça para mim. E, meus amigos, não importa o que vocês tenham feito na vida, Jesus vai pegar vocês em seus braços também. Ele abraçará vocês assim como me abraçou. Jesus é o único que nunca os deixará.

Cody Huff é atualmente pastor ordenado da Igreja Esperança em Las Vegas, tendo sido orientado pelo pastor Vance Pittman. Cody trabalha com energia infindável como diretor voluntário de Broken Chains [Correntes Quebradas], um ministério que ajuda a alimentar e a abrigar os sem-teto daquela cidade.[3] Esse ministério é apoiado por muitas igrejas e estabelecimentos comerciais locais, inclusive o do comerciante que costumava chamar a polícia para Cody quando ele vivia no estacionamento. O prefeito da cidade toma conselhos com Cody sobre assuntos ligados aos pobres. E Cody recebeu convites para ministrar treinamento aos policiais que o abordavam quando ele dormia no parque.

Cody agora organiza regularmente eventos nesse mesmo parque, onde o ministério Broken Chains oferece refeições gratuitas, apresentações musicais e encorajamento espiritual. E a mulher que tomava conta dos pedaços de frango assado? É a Heather, aquela do carro vermelho. Agora ela é a esposa de Cody.

Depois que Cody contou sua história para a multidão naquela noite, os sem-teto fizeram uma fila para que Heather lhes pudesse servir o jantar. Mais tarde, eu estava entre as mesas de piquenique conversando com Cody, que observava com satisfação enquanto seus convidados devoravam a comida.

Ele riu. — Sabe, quando orei de joelhos a Jesus na poeira, declarei que o seguiria mesmo se ele quisesse que eu ficasse neste parque

---

[3] V. <www.BrokenChainsOutreach.com>.

pelo resto da minha vida — Cody me contou. — Eu não sabia, mas esse era exatamente o plano dele.

Este é o povo de Cristo, esta congregação de desajustados, viciados em *crack* e bêbados, gente com a barba por fazer, sem tomar banho, desempregados e indesejados. Acho que naquela noite Cody deve ter abraçado todos eles.

Caminhei em direção a Michelle, que usava uma gargantilha com uma pequena cruz de prata. Ela estava assentada na parte de trás, cuidando de tudo.

— Quando você deu um abraço no Cody, imaginou que o resultado seria este?

Ela deu um sorriso modesto. — Não, quem poderia prever isso?

— Por que você fez aquilo? — perguntei. — Quando Cody estava sujo e malcheiroso, e era um sem-teto, por que você se ofereceu para abraçá-lo?

Ela olhou para mim como se fosse a pergunta mais estúpida de todos os tempos, e talvez tenha sido mesmo. — Porque parecia que ele estava precisando de um — ela respondeu. — É o que Jesus faria, não é?

Sem dúvida, Heather tinha razão. Mas e quanto a mim? Se fosse eu naquele dia, será que eu teria apertado a mão de Cody ou lhe dado um abraço apertado ou um simples tapinha no ombro? Será que eu teria me desviado do meu caminho para lhe falar a respeito de Jesus? Teria visto o potencial para redenção e transformação? Teria dado a ele a dignidade que ele merece?

Pensei por um pouco nessas questões e fiquei envergonhado das minhas respostas. Quantas vezes eu me encontrei com alguém como Cody na rua e pensei em um problema a ser resolvido, não em uma pessoa a ser amada? Quantas vezes tenho guardado a graça apenas para mim?

Eu me despedi de Michelle e observei a multidão sob a marquise. Decidi caminhar em direção ao jovem imundo que tinha chegado em um carrinho de supermercado com a perna engessada. Ele estava assentado sozinho no canto.

— Meu nome é Lee — eu disse. — E o seu?
Ele tinha as pálpebras caídas. — Eles me chamam de Spider. — Sua voz era rouca.
Hesitando, coloquei o braço em volta do ombro dele e disse: — Bem, Spider, conte-me sua história. E depois me permita falar com você sobre um amigo que mudou a minha vida. O nome dele é Jesus, e ele ama você.

Capítulo Sete

O pastor
Podemos perdoar o mais pessoal dos golpes — e perdoar a nós mesmos?

> "Viver pela graça significa reconhecer minha história de vida por inteiro, incluindo tanto o lado luminoso quanto o sombrio. Ao admitir meu lado sombrio, aprendo sobre quem sou e o que a graça de Deus significa."
> — Brennan Manning[1]

Ele se formou no seminário, foi líder de um ministério de oração e orador popular, marido da namorada de sua juventude, pai de três filhos, pastor titular de uma igreja florescente, e meu amigo. Mas lá estava ele, sozinho no alto de uma plataforma, olhando para os rostos encobertos na escuridão e anunciando sua renúncia da igreja que ele tanto amava.

— Quebrei a aliança do meu casamento através do adultério — ele confessou à congregação estupefata. — Pequei contra Deus, contra a minha família e contra vocês. Estou arrependido do meu pecado e peço perdão a vocês. Jesus não fracassou com vocês, mas eu fracassei.

Brad Mitchell desceu da plataforma, saiu pela porta dos fundos, pegou o carro e foi para sua casa, para se encontrar com Heidi, sua esposa. Eles choraram juntos, até que chegou a hora de repetir a

---

[1] MANNING, Brennan. **The Ragamuffin Gospel**. Colorado Springs, CO: Multnomah, 2000. p. 26. [**O evangelho maltrapilho**. São Paulo: Mundo Cristão, 2005.]

confissão no culto seguinte. Sem dúvida, aquele era o ponto mais baixo de sua vida.

Infelizmente, a infidelidade se tornou corriqueira. Em 41% dos casamentos, um ou ambos os cônjuges admitem ter praticado traição, física ou emocional.[2] As manchetes dos jornais ao longo dos anos têm documentado, com regularidade perturbadora, relatos de líderes religiosos cujas traições maritais custaram seus púlpitos. Mas poucas dessas histórias descrevem a dor, a luta, a perda e a humilhação que esses pastores e sua esposa invariavelmente enfrentam.

Graça? Esses pastores têm falado sobre esse tema incontáveis vezes. Eles ensinaram a história do filho pródigo, pregaram sobre a teologia da cruz, descreveram a necessidade cristã de oferecer graça às pessoas, e serviram o pão e o vinho que representam o preço que Jesus pagou para abrir as comportas de perdão do céu. Contudo, repentinamente, atolados em seu próprio pecado e vergonha, a graça pode lhes parecer muito distante.

Poderá uma esposa oferecer graça a um marido que pisou nos votos do casamento e a desonrou em público? E poderá um pastor, exposto como um hipócrita, perdoar a si mesmo, talvez a mais difícil expressão de graça existente?

Antes que nos sintamos orgulhosos, isso significa, para a maioria, mais do que sermos expectadores de um evento esportivo. Afinal, todos nós não lutamos com essa questão, em maior ou menor escala? Não precisamos todos perdoar os que nos são próximos, os que feriram nosso coração, de um modo ou de outro (no meu caso, o meu pai), e descobrir maneiras de aliviar a nossa própria culpa quando ultrapassamos uma barreira moral que juramos nunca ultrapassar? Queremos jogar pedras nos líderes cristãos que nos entristeceram, mas quem entre nós pode atirar a primeira pedra?

---

[2] "Infidelity Statistics", <http://www.statisticbrain.com/infidelity-statistics>. Acesso em: 13 ago. 2013. Estas estatísticas são do contexto norte-americano; talvez as do contexto brasileiro não sejam muito diferentes. [N. do T.]

Esses pensamentos passaram pela minha cabeça quando me assentei na sala da minha casa com Brad e Heidi, que estavam próximos um do outro no sofá. Eu conhecia Brad há mais de vinte anos. Ele sempre foi muito centrado, uma rocha de fé, um pregador apaixonado da Bíblia, o primeiro a oferecer uma oração de encorajamento aos outros. Ele era a expressão da autenticidade, integridade e consistência.

Palavras como infidelidade, desgraça e fracasso moral nunca poderiam descrever o meu amigo. Por isso a notícia de seu caso extraconjugal e o resultante colapso de sua vida foi tão chocante para mim. *Qualquer um, menos o Brad*, pensei. Mas lá estavam eles: Brad e Heidi, chorando enquanto descreviam candidamente como seu ministério e casamento entraram em uma espiral sem controle, e como ele embarcou em sua própria busca pela graça — de Deus, de Heidi e de si mesmo.

Eles pareciam ser o casal ideal. Brad, de muito boa aparência, ocasionalmente trabalha como modelo; Heidi, com cabelos loiros que descem até o ombro, é bonita e articulada.

Não foi fácil para eles revelar detalhes particulares de sua vida, incluindo as indiscrições que quase lhe custaram o casamento. Mas eles concordaram que o desconforto valeria a pena se ajudasse outras pessoas.

Mais tarde, fiquei sabendo que, quando saí da sala depois que eles discutiram alguns eventos particularmente dolorosos, Brad se inclinou e suspirou: — Eu sinto muito. — O tom de voz dele disse tudo: *Você nunca mereceu nada disso*. Heidi replicou: — Isso já ficou no passado.

Mas a jornada daquele momento em diante era longa, árdua... e incerta.

A jornada juntos

O namoro de Brad e Heidi foi tudo, menos convencional. Brad estava na sexta série quando conheceu a jovem Heidi após um culto na igreja. Ele rapidamente inventou um apelido para ela: "Heidi, a Hedionda".

Heidi era a melhor amiga da irmã de Brad; então sempre estava na casa deles durante os dois anos e meio que ele viveu em Dakota do Norte. Ele as provocava e as atormentava impiedosamente. Quando sua família se mudou para Indianópolis, ele logo se esqueceu da garota. Então, quando Brad estava com 16 anos, Heidi foi até Indiana para visitar a irmã dele. As meninas estavam dando risadinhas na cama quando Brad chegou em casa depois do trabalho em uma mercearia. Ele se assentou em uma cadeira perto da escada para ler a seção de esportes do jornal. Foi quando Heidi, agora com 14 anos de idade, linda e faceira, com seu cabelo loiro esvoaçando, apareceu na sala.

— Oi, Brad — ela disse, quase sem constrangimento.

Brad olhou para ela. As palavras que saíram de sua boca não demonstravam nenhum interesse: — Oi, Heidi. — Mas por dentro ele estava dizendo: *Ó meu Deus! Uau! O que aconteceu com ela?*

Heidi o nocauteara. Mais tarde, ele a convidou para ver suas fotos de futebol americano. Antes que ela saísse do quarto, ele a beijou. E, antes do fim de semana, ele a pediu em namoro, e ela aceitou. Lá estavam os dois, com 16 e 14 anos, jovens demais para que o pai dela a deixasse namorar, mas na mente de ambos eles seriam marido e esposa.

Ao relembrar esses fatos, Brad disse: — Ela era tudo o que eu queria; então pensei: *Por que não assumir?* — Heidi comentou: — Eu queria me casar um dia, e de repente eis que apareceu o rapaz perfeito. Ele se transformou de um colegial "caxias" em um jogador de futebol americano, com costeletas e tudo mais. Então, pensei: *Isso é ótimo! Podemos firmar compromisso, e o meu pai não precisa saber de nada.*

Eles combinaram os detalhes. Iriam namorar outras pessoas quando ficassem mais velhos, para ter certeza de que seriam as pessoas certas um para o outro. Participariam dos mesmos grupos de estudo bíblico e trocariam cartas a respeito de seu crescimento espiritual. Frequentariam a mesma faculdade cristã. E se casariam depois da formatura, quando ele já seria um advogado ou tivesse qualquer outra profissão lucrativa.

Surpreendentemente, tudo aconteceu tal como planejaram, exceto por uma única coisa que eles não previram. Quando Brad estava em turnê pela Europa com um grupo musical da Wheaton College, ele se sentiu tocado pelo Espírito Santo. Enquanto olhava as catedrais majestosas, santuários antigos e belos que costumavam estar repletos de adoradores, percebeu a grandeza arquitetônica, mas também todo o vazio espiritual ali existente.

Em poucas gerações, acontecerá a mesma coisa nos Estados Unidos, Brad pensou. Não podemos deixar isso acontecer. *Precisamos fazer tudo o que estiver ao nosso alcance para edificar a igreja de Deus.*

A ascensão ao sucesso

Depois de se diplomar como bacharel em teologia e trabalhar em um estágio pastoral prolongado, Brad foi nomeado pastor titular de uma igreja em Minnesota. Bem, não era uma grande igreja na ocasião... apenas seis famílias. Dentro de poucos anos, porém, em parte graças aos sermões envolventes de Brad e seu estilo elegante, a igreja atingiu mais de 400 membros.

— Eu adorava ver as pessoas se apaixonando por Jesus — disse ele. — É entusiasmante vê-las desfrutando de sua presença e crescendo na fé. — Durante seu pastorado, cerca de 500 pessoas confiaram em Cristo através dos ministérios da igreja.

Seu sucesso abriu a porta para uma posição mais elevada: diretor da divisão masculina do ministério de oração e esportes de uma das maiores e mais criativas igrejas dos Estados Unidos. Era um cargo desafiador, e de muito prestígio, no qual Brad cresceu muito. Agora, com três filhos, o casamento de Brad e Heidi estava indo bem.

— Eu daria nota 9,5 — disse Heidi.

Brad balançou a cabeça. — É isso mesmo — ele disse. — Estávamos felizes, mas eu viajava dois ou três finais de semana por mês para falar em algum lugar, e isso fez o estresse crescer. Além disso, a nossa forma de lidar com conflitos era diferente: ela era pacificadora, e eu, um mantenedor da paz.

— Qual é a diferença?

— Éramos francos e competitivos por natureza — Heidi explicou. — Tínhamos conflitos, debatíamos e discutíamos, e eu entendia que isso era bom. Enfrentávamos a situação e saíamos melhores do que entramos; pelo menos, era o que eu pensava. Eu não guardava rancor e pensava que ele também não guardasse.

— Por outro lado, eu tentava evitar conflitos — complementou Brad. — Tentava manter a paz e acabava por sufocar as emoções. Agia como se tudo estivesse resolvido, mas eu estava mascarando e ignorando minha raiva, e então explodia por coisas pequenas.

Poucos anos depois, Brad aproveitou uma oportunidade de se tornar pastor titular de uma igreja em Michigan. Mais uma vez, Deus parecia abençoar seus esforços. Em uma comunidade que não crescia, a igreja foi de 1.800 para 4 mil membros em seis anos. Os batismos se multiplicaram por 10. As contribuições mais do que dobraram em um tempo de economia estagnada. E triplicou o número de participantes de grupos pequenos.

Os membros da igreja não economizavam elogios, mas mesmo assim havia tensão entre Brad e alguns líderes da igreja. O crescimento estava criando problemas organizacionais, e a cultura da igreja ensimesmada estava mudando para refletir o estilo mais informal e acessível de Brad. Pela primeira vez, muitas pessoas espiritualmente voluntariosas estavam indo à igreja e descobrindo Jesus. Brad era instado a pregar mensagens mais profundas a fim de satisfazer alguns líderes da igreja, mas toda a sua atenção estava voltada para alcançar os recém-chegados e levá-los à fé em Cristo.

— Uma parte de mim queria agradar as pessoas — disse Brad. — E, quando alguns dos líderes não estavam satisfeitos comigo, percebi que eles estavam me desaprovando. Bem, isso é orgulho. "Orgulho é a galinha sob a qual os ovos dos demais pecados são chocados", disse

C. S. Lewis. Eu me tornei defensivo e amargo. Não estava confiando na soberania de Deus. Achava que merecia algo melhor. Queria fugir como Jonas, queria escapar.

E foi isso que ele fez. Ele se transferiu para uma igreja na Carolina do Sul. Era uma igreja contemporânea, informal, com um florescente ministério de esportes, uma grande equipe de apoio e líderes que davam suporte. De muitas maneiras, aquela igreja era muito mais apropriada para ele.

No entanto, ao fazer essa mudança, num tempo em que Heidi e Brad não perceberam a profundidade do pensamento doentio dele, eles tomaram uma decisão que plantou as sementes da sua queda.

Um odor de maçã

Naquela época, o mercado de imóveis de Michigan estava em baixa. Levaria muito tempo para que Brad e Heidi vendessem a casa e pudessem se mudar para a Carolina do Sul. Além disso, compreensivelmente a filha deles queria terminar o último ano do ensino médio antes da mudança. Então, Brad e Heidi tiveram um plano: ele iria para a Costa Leste enquanto ela ficaria em Michigan. Ele pegaria um voo para visitar a família uma semana a cada mês.

— Vimos esse modelo ser adotado por outro pastor — disse Brad. — Pensamos que resolveríamos tudo em um ano.

Esse arranjo, porém, não funcionou para eles. Meses se passaram, e a frustração e a irritabilidade cresceram no casamento deles. Heidi se mostrou corajosa, mas a maior parte do tempo ela vivia a difícil realidade de uma mãe solteira, trabalhando em um emprego de meio período e cuidando da casa. Com exceção das visitas mensais, os contatos entre eles consistiam em telefonemas, *e-mails* e conversas em vídeo pela internet.

— Eu estava em uma boa igreja, mas mesmo assim, emocionalmente falando, aquele não era um bom lugar — recordou Brad. — O orgulho, o espírito defensivo e a amargura ainda me dominavam.

E isso me levou a achar que eu merecia regalias. Adão e Eva tinham um sentimento assim no jardim; eles acreditavam que Deus os limitava e que mereciam algo melhor.

— Bem, eu achava que merecia me sentir bem, ser apreciado, ser amado, mas Heidi e eu não estávamos conectados um ao outro. Acho que eu deveria ter comunicado isso a ela, porque éramos solucionadores de conflitos; deveríamos ter pensando juntos no que fazer. Mas a verdade é que, quando você sente o cheiro da maçã pela primeira vez, se continuar a cheirá-la, acabará por comê-la.

A maçã veio na forma de *e-mail* de uma mulher casada em Michigan, que dizia precisar de ajuda para retomar o caminho da fé. Brad a encorajou a conversar com o pastor da igreja da qual ela era membro, mas ela alegou que se relacionava melhor com ele (Brad) do que com o pastor da sua igreja. E o que mais motivava Brad era ajudar as pessoas espiritualmente.

Eles começaram a trocar *e-mails*. Brad recomendava livros devocionais para a mulher casada e respondia a seus questionamentos espirituais. Eles começaram a conversar por telefone e, por fim, a ter encontros secretos.

— Foi quando o caso começou? — perguntei.

O rosto de Brad endureceu. — Não chame isso de caso — ele disse. — Faz soar como uma pequena indiscrição. E minimiza o peso da decepção e do pecado. Chame isso pelo que é: adultério.[3]

Sentindo o peso

Senti-me um perfeito terapeuta, sentado em uma cadeira com um bloco de anotações enquanto Brad confessava o episódio mais feio de sua vida, e Heidi permanecia assentada perto dele. — Acho que você nunca suspeitou de nada — Brad disse à esposa.

Sua voz era suave. — Eu não tinha motivo para desconfiar dele.

---

[3] Para evitar pistas que levassem à identidade da mulher, deixei de mencionar alguns detalhes do relacionamento.

— Claro — Brad concordou. — Eu era a última pessoa que ela poderia imaginar que faria o que fiz.

Ele suspirou pesadamente e depois continuou. — Mesmo no caminho para o primeiro encontro, eu sabia que deveria mudar de rumo, ir para o outro lado, fugir. E escolhi continuar. Eu achava que tinha direito a regalias, mas quão enganado estava! E, para piorar as coisas, tinha um sentimento de que Deus não deixaria isso destruir o meu ministério porque feriria a igreja.

Ele balançou a cabeça com desgosto. — Nem acredito que pensei isso! Será que acreditei que Deus de alguma maneira protegeria o meu pecado? Não se pode zombar de Deus. A Bíblia diz que Deus não lidou com o pecado dos amorreus porque ainda não havia se completado a medida de sua maldade. Algumas vezes pensamos que podemos ir adiante com alguma coisa, mas Deus está observando. Vamos nos arrepender por nós mesmos? Ou o nosso pecado alcançará a medida plena e aí incorreremos na disciplina divina?

As palavras estavam presas na garganta de Brad. Ele se esforçou para parar de soluçar. — Quando tudo começou, eu pensei: *O que foi que fiz? A que ponto cheguei? Pare imediatamente, não prossiga.* Mas parte de mim não queria parar, e eu não sabia como a outra pessoa iria reagir. Se eu saísse daquele relacionamento, como ela reagiria? O que faria? Eu não podia contar com ela, porque éramos duas pessoas autocentradas e enganadas. Cada um de nós estava em seu próprio mundo; então não podíamos confiar um no outro.

— O medo de sermos descobertos era simplesmente horrível. *Horrível*. Quando pregava, eu me sentia hipócrita, vazio, como se estivesse agindo por minha própria conta apenas, e era isso mesmo. Eu não tinha poder. O Espírito Santo não estava ungindo o meu ministério.

Heidi então se abriu. — Num final de semana depois que tínhamos mudado para a Carolina do Sul, fui à igreja e fiquei prestando atenção em Brad pregando. Eu me lembro de estar assentada e pensar:

O que está errado com ele? Ele não tinha energia, não tinha paixão. Fisicamente, estava encurvado. Então, pensei: *Bem, talvez ele esteja cansado*. Fazendo uma retrospectiva, acho que aquilo era literalmente o peso do pecado em cima dele.

— A vergonha, a culpa... você está certa, tudo isso era muito pesado — disse Brad. — Toda vez que eu tinha de pregar, confessava tudo a Deus, e depois eu confessava de novo, e de novo. E depois voltava à farsa. Uma parte de mim se tornou cauterizada, porque eu estava expulsando a voz de Deus da minha vida.

Por três meses, o adultério continuou. — Quando eu estava no meio do caminho para um encontro, pensava em maneiras de parar com tudo aquilo. Achei que, quando minha família se mudasse para a Carolina do Sul, seria hora de parar.

Contudo, o pecado dele alcançou sua medida plena. Brad foi descoberto. — Foi aí que procurei um conselheiro cristão. Ele me disse: "Você precisa contar para a Heidi. E, quando o fizer, tenha a mala pronta no carro, porque é muito provável que ela mande você sair de casa".

— Em que você pensou quando ele disse isso?

Brad hesitou e confessou: — Ele estava certo. Eu tinha perdido o meu casamento, a minha família, a minha igreja, o meu ministério... tudo. Eu tinha perdido tudo.

Ele engoliu em seco e completou: — Eu me lembro de estar assentado na praia, contemplando o oceano Atlântico. Então comecei a pensar em quão bom seria simplesmente começar a nadar... e nunca mais voltar à praia.

A espiral descendente

Os pensamentos suicidas não duraram muito. — Eu não queria ser um covarde — ele me disse. — Precisava encarar a realidade.

Certa noite, enquanto Brad estava apoiado em um lado da cama, com Heidi do outro, ele finalmente disse: — Eu preciso dizer uma coisa a você.

— O que é? — ela perguntou.

Ele escorregou da cama, quase se ajoelhando. — Tenho sido infiel a você.

As primeiras palavras que ela disse foram: — *O quê? Com quem?*

Os momentos seguintes foram sombrios. Heidi entrou em choque. Quase na mesma hora, ela vomitou. Ela ficou quatro dias sem se alimentar. Pensamentos estranhos e confusos inundavam sua mente. *Eu deveria matá-lo! Eu deveria me matar. Ele vai perder o emprego. Perderemos tudo. Como vamos pagar as contas? E as crianças? Para onde vou? O que devo fazer? Será que existe algo nele em que poderei confiar? Ó Deus, preciso de ti agora, preciso de ti mais do que nunca.*

Heidi arregalou os olhos enquanto revivia aquele momento. — Eu estava furiosa, confusa, assustada e, ao mesmo tempo, lutava para decidir o que fazer depois, porque sabia que nosso futuro estava acabado, pelo menos até onde conseguíamos enxergar.

As malas de Brad estavam prontas, mas Heidi não o mandou embora aquela noite. A razão dela foi pragmática: ela não queria uma conta de hotel quando sabia que a renda deles despencaria.

— Com certeza, ele não estava pensando com clareza, e eu sabia que um de nós precisava fazê-lo — ela me disse.

Dois dias depois, Brad se encontrou com os líderes da igreja da Carolina do Sul. Entregou seu ministério e teve de suportar a desgraça de contar o motivo à igreja no domingo seguinte. Todos seus anos de preparação para o ministério e seu sucesso no púlpito ruíram.

Brad também teve de confessar o caso para seu filho e suas duas filhas, que ficaram arrasados com a notícia. Ele teve de falar aos pais de Heidi e aos pais dele. — Aquilo arrebentou o coração deles, porque nutriam tanto orgulho de mim todos aqueles anos... — disse ele.

Eles precisaram sair da casa onde estavam morando, e por um tempo não tinham para onde ir. Finalmente, mudaram-se para a parte de cima do sobrado de um casal de idosos. Perderam o convênio médico. Perderam a poupança que estavam fazendo para a aposentadoria.

Perderam 90% de sua renda. E ainda tinham de pagar a hipoteca da casa em Michigan, que acabaram depois vendendo com prejuízo.

Heidi continuou em seu emprego, o que assegurava uma renda mínima. Toda a preparação de Brad estava voltada para o ministério; ele não tinha as habilidades necessárias para conseguir um bom emprego em lugar nenhum, especialmente em um período de recessão econômica. Por fim, ele foi contratado para vender publicidade para uma estação de televisão local, ganhando tão pouco que em algumas semanas não conseguia juntar o bastante para pagar as contas de gás e telefone. Antes que aquilo tudo acabasse, ele vendeu seu próprio plasma sanguíneo 110 vezes e ainda tem as cicatrizes disso em seus braços.

— Eu me lembro de ter visto uma barra de doce em uma mercearia e pensado: *Não posso comprar nem uma desta* — disse Heidi. Familiares se ofereceram para pagar as despesas mensais dos aparelhos ortodônticos de suas filhas.

— Um dos piores momentos — disse Heidi — foi quando perguntei ao meu conselheiro se deveríamos fazer testes para doenças sexualmente transmissíveis, e ele respondeu: "Claro que sim". Então, Brad e eu fomos ao consultório médico. Foi humilhante pedir à enfermeira para fazer aquele teste. Eu estava com tanta raiva de Brad; não queria nem sentar perto dele. Eu pensava: *Fui fiel a você, era virgem antes de nos casarmos, e agora tenho de fazer teste para HIV?* Aquilo era constrangedor, era injusto...

Brad interrompeu: — Foi mais uma consequência horrível e humilhante do meu pecado.

Mesmo assim, enquanto eles narravam a implosão ocorrida em sua vida, percebi que Heidi tinha pegado na mão de Brad. Enquanto eles estavam assentados um ao lado do outro, não muitos anos depois da crise que quase destruiu o relacionamento deles, não consegui detectar nenhuma animosidade ou amargura. De alguma maneira, contra tantas dificuldades, eles conseguiram passar da infidelidade à reconciliação, do ferimento à cura.

Eu precisava saber como.

A HISTÓRIA DE HEIDI

Oferecendo graça depois da traição

A despeito da profundidade de sua dor e das consequências devastadoras do adultério de Brad, Heidi deixou claro para mim que a jornada rumo ao pleno perdão começou com um passo simples, uma decisão de sua própria vontade, nascida de seu relacionamento forte e vibrante com Jesus.

Ela tinha aprendido que o perdão nunca é opcional na fé cristã; é algo ordenado por Deus. É fácil aceitar isso quando se trata de transgressões triviais, mas agora ela estava encarando um teste inédito. Continuaria a andar com seu Salvador ou neste momento escolheria se desviar?

— A minha conclusão foi que os cristãos não podem escolher o que querem ou o que não querem perdoar — disse ela. — A Bíblia diz para perdoarmos da mesma forma que o Senhor nos perdoou.[4] Não vi nenhum espaço para manobras nisso. Assim como Cristo perdoou os meus pecados, eu precisava oferecer graça ao Brad. Se não fosse assim, a amargura me consumiria, e a amargura é um veneno na alma do cristão. Eu não sabia se o nosso casamento seria salvo, mas sabia que precisava perdoar o meu marido.

— Então, o perdão foi uma questão de obediência?

— No princípio, sim. Eu estava comprometida em obedecer a Cristo, mesmo que fosse difícil. O meu relacionamento com Brad já estava prejudicado; eu não queria que o meu relacionamento com Deus também se perturbasse em razão de minha recusa em obedecer em tempos difíceis.

— Você sentiu que o havia perdoado?

— Não, não mesmo. Eu estava muito ferida, mas determinada a perdoar. E sabia que, se escolhesse oferecer perdão, os sentimentos

---

[4] "Suportem-se uns aos outros e perdoem as queixas que tiverem uns contra os outros. Perdoem como o Senhor lhes perdoou" (Colossenses 3.13).

poderiam acompanhar a minha escolha. *Poderiam.* Porque a graça é uma decisão, antes de ser uma emoção.

— Você faz tudo parecer muito fácil...

— Bem, foi tudo, menos fácil. Para mim, perdoar Brad foi doloroso em termos emocionais, mentais, físicos e relacionais, mas isso não se compara à dor que Jesus suportou na cruz a fim de obter o perdão para mim. À luz do que Cristo passou, como eu poderia negar perdão ao meu marido?

— De certa forma — ressaltei —, o perdão serviu para vocês dois.

— Você tem razão. Ficar ruminando a amargura não seria bom para mim emocionalmente, espiritualmente ou fisicamente. E o perdão abriu uma porta à possibilidade, apenas à possibilidade, de que pudéssemos nos reconciliar como marido e esposa.

Alguns cônjuges não querem conhecer os detalhes da traição que sofreram. São visuais demais e não querem convidar essas imagens a entrar em sua mente. Mas para Heidi, que é mais cerebral, foi importante entender exatamente a transgressão do marido.

— Queria saber o que exatamente eu estava perdoando — disse ela. — Como eu poderia perdoá-lo sem saber o que tinha acontecido? Eu não queria descobrir algo novo seis meses ou seis anos depois.

Durante a terapia intensiva que tiveram com um conselheiro cristão e as longas caminhadas que faziam à noite, Heidi arrancou de Brad toda a história sórdida.

Ele contou: — Houve momentos em que ela pensou que eu tinha contado tudo, mas havia ainda alguns detalhes que eu havia escondido, porque temia que, se ela soubesse, me abandonaria.

— Eu simplesmente não queria mais surpresas — disse Heidi. — Àquela altura, já estava tão ferida que não importava quão doloroso tudo aquilo era. Minha atitude era: "Vamos varrer tudo o que está escondido debaixo do tapete".

Perguntei a Brad: — Você sentiu alívio ao falar tudo abertamente?

— Aquilo foi mais constrangedor que qualquer outra coisa — disse ele. — É humilhante ter seu pecado exposto.

Foram dezoito dolorosos dias até Brad contar todos os detalhes de sua traição. — No fim, tive de pedir perdão a Heidi apenas uma vez — ele disse. — Tal como com Jesus, tive de pedir só uma vez.

Ainda que Heidi tivesse falado sobre perdão por causa da obediência, e ela foi o mais sincera que pôde quando disse isso, demorou muito até sentir que o havia perdoado.

— Eu ainda estava com raiva — disse ela. — Mas na vida cristã não podemos confiar nos sentimentos. Algumas vezes, as nossas emoções podem nos impedir de fazer o que é certo na presença do Senhor. Tive de pedir a ajuda de Deus para que meus sentimentos se alinhassem com o perdão que estava no meu coração. Sim, demorou muito até que eu sentisse que o havia realmente perdoado. Foi um processo.

Ela também encarou a decisão de permanecer ou não no casamento. Brad queria a reconciliação; Heidi sabia que seria uma escolha dela continuarem juntos.

— A restauração não é a mesma coisa para todo mundo — disse ela. — Alguns casamentos não podem ser salvos. A confiança acaba de uma vez por todas. Não importa se permanecêssemos juntos ou se nos divorciássemos, tive bons anos com o Brad. Ele ainda era o pai dos meus filhos e algum dia será um avô; de um modo ou de outro, ainda temos um legado.

— Basicamente, eu precisava ter certeza de que ele não ia fazer a mesma coisa outra vez. Será que ele cairia novamente? Será que dentro de dois ou três anos passaríamos pela mesma coisa outra vez? Seria melhor terminar o casamento agora que no futuro. Precisei de mais ou menos dois meses para decidir permanecer no casamento.

— O que motivou essa decisão?

— Ver o remorso e o arrependimento de Brad. Ele estava claramente esmagado com tudo aquilo. Isso começou a restaurar a minha confiança. E sei que Deus detesta o divórcio; para mim, a separação seria o último recurso. Eu disse a Deus: "Tu precisas me ajudar. Molda o meu coração e a minha mente. Leva-me para mais perto de ti. Ajuda-me a amar como tu amas".

— E ele atendeu à sua oração?

Quando fiz essa pergunta, Heidi irrompeu em pranto. Brad passou o braço em volta do ombro dela, que então enxugou os olhos com um lenço.

— Oh, sim — ela disse entre soluços. — O ano seguinte foi o de maior crescimento na minha vida espiritual. Aprendi tantas lições desafiadoras da vida — não apenas sobre o casamento, mas sobre Deus, sua bondade, sua fidelidade, sua graça. E eu não trocaria isso por nada. Eu não seria a pessoa que sou hoje se não tivesse passado por tudo isso. Nunca teria escolhido nada daquilo, mas Deus usou aquela experiência para me aproximar mais dele do que em qualquer outro período da minha vida.

— Deus me deu esperança de tantas maneiras, justamente quando eu mais precisava. Tal como na época em que estávamos falidos, e eu parei na agência do correio no caminho entre o trabalho e a minha casa, e havia uma carta de encorajamento para mim, enviada por uma amiga, com algum dinheiro escondido no envelope. Ou quando pessoas que eu conhecia, líderes eclesiásticos maravilhosos e piedosos, confiaram em mim para dizer que tinham passado pela mesma situação vinte anos atrás e que Deus os curara, bem como a seu casamento.

— Em uma centena de maneiras, Deus me fez saber que ele estava lá, que se importava, que é o Deus da cura e da reconciliação. Eu não precisava enfrentar tudo aquilo sozinha.

Ela olhou para Brad, e depois os olhos dela se encontraram com os meus. — Honestamente — disse ela —, eu não conseguiria.

A HISTÓRIA DE BRAD

Recebendo graça — e dando graça a si mesmo

Quebrantado e pesaroso, tomado pelo arrependimento e remorso, Brad não tinha ilusões quanto à profundidade de seu pecado e as consequências nocivas que sobrevieram a ele e à sua família. Ele foi perdoado por Cristo? Sim, porque a graça de Deus cobre a mais vil das transgressões. Ele foi perdoado por Heidi? Sim, por causa da fidelidade dela aos ensinos de Cristo, a despeito de Brad lhe ter sido infiel.

Contudo, *experimentar* perdão e *sentir-se* libertado da vergonha e autocondenação foi muito mais difícil para Brad alcançar.

— Você só pode experimentar a graça de Deus na medida em que está disposto a aceitar plena responsabilidade pelo que fez — Brad compartilhou. — Eu poderia tentar encontrar desculpas? Sem dúvida. Poderia olhar para quão esgotado eu estava; ver quanto os outros não gostavam mais de mim; o estresse da igreja; para o fato de que nosso casamento estava naufragando... Mas pessoas em situação bem pior permaneceram fiéis a Jesus.

— Eu não fiz isso. Eu fracassei. Eu mudei as escolhas que fiz. Não posso apontar o dedo para ninguém. Lembra-se de como Heidi precisou entender os detalhes do que eu tinha feito para poder me perdoar completamente? Bem, precisei aceitar a responsabilidade plena pelo que tinha feito para poder me sentir completamente perdoado por Deus. Foi por isso que eu precisei ficar diante da igreja e admitir o meu pecado, sem equívoco. Eles também precisavam ouvir isso diretamente da minha boca para evitar fofocas e pessoas tomando partido de um ou de outro lado. E eu não queria que a igreja sofresse mais.

— Tem sido difícil parar de viver na vergonha?

Ele balançou a cabeça. — Com certeza. A vergonha diz que você não apenas pecou, mas que é um pecador sem remissão, que é indigno como pessoa, que o núcleo da sua identidade está manchado para sempre, que Deus nunca mais poderá usar a sua vida. Não posso impedir que essas emoções me assaltem, mas posso escolher lidar com elas de maneira bíblica.

— Como assim?

— Eu lembro a mim mesmo que a vergonha não vem de Deus. O que fiz no passado é pecaminoso, mas isso não define quem sou agora nem define o meu futuro. Romanos 8.1 diz que "agora já não há condenação para os que estão em Cristo Jesus".

— Posso sentir dor, mas isso não é vergonha. Tenho sentimento de perda, mas isso não é vergonha. Posso me arrepender das consequências dos meus atos, mas isso não é vergonha. O fato é que feri muitas pessoas. Não posso desfazer isso. Posso sentir remorso, e realmente sinto e sentirei, mas, no momento em que sinto vergonha, sei que o inimigo está trabalhando.

— Cristo pagou pelos meus pecados na cruz. Quando sinto vergonha, sou eu carregando aquilo que Jesus levou sobre si mesmo. Estou diminuindo o que Cristo fez. Jesus não quer que eu permaneça castigado, porque ele assumiu a pena pelo que fiz. Isso me dá liberdade para seguir adiante com confiança e em graça.

— A Bíblia diz: "Se confessarmos os nossos pecados, ele é fiel e justo para perdoar os nossos pecados e nos purificar de toda injustiça".[5] Mas, quando a vergonha toma conta de mim, estou dizendo que não fui realmente purificado, que a cruz foi um fracasso, que o sacrifício de Jesus por mim não foi suficiente.

— Preciso ir além dos sentimentos de vergonha e me concentrar no *fato* de que estou livre da condenação, no *fato* de que fui justificado em Cristo e no *fato* de que fui purificado. Quero viver com base nesses fatos, não em sentimentos de vergonha.

— Tudo isso *são* realmente fatos — eu disse —, mas também é fato que Deus disciplina seus filhos. Adão e Eva, depois que pecaram, tentaram evitar isso se escondendo de Deus. Você foi tentado a fazer o mesmo?

— Sim, parte de mim queria fugir — respondeu ele. — Eu tinha de aceitar conscientemente a disciplina de Deus, porque sabia que

---

[5] 1João 1.9.

era para o meu próprio bem. Hebreus 12 diz que a disciplina de Deus produz em nós santidade, justiça, paz e cura.⁶ Eu precisava desesperadamente dessas quatro coisas.

— Se eu tentasse escapar da disciplina de Deus fugindo das consequências do meu pecado, estaria resistindo ao que Deus queria realizar em mim. Somente se eu encarasse o meu pecado, Deus poderia usar tudo isso para me mudar para melhor. A Bíblia adverte que a disciplina de Deus não é agradável, mas no fim as transformações que Deus produz no nosso caráter valem a pena. Isso foi verdade para mim.

— Mas e quanto a se esconder das pessoas? Você queria fugir dos outros para evitar constrangimentos?

— Nós dois lutamos contra esse impulso. Teria sido mais fácil nos isolarmos. Algumas vezes, quando você está sofrendo, não tem a energia emocional para se envolver com as pessoas. Mas Heidi e eu permanecemos nos nossos grupos pequenos, continuamos a ir à igreja e mantivemos relacionamentos com amigos cristãos. Durante esse tempo, vimos o melhor da igreja. As pessoas oravam conosco, compartilhavam sabedoria conosco, se mostraram responsáveis para conosco e nos encorajaram.

— Eu me lembro de uma vez em que um diácono de uma convenção estadual ligada à Convenção dos Batistas do Sul me chamou. Ele me mostrou uma lista de pessoas na Bíblia que pecaram, mas que Deus restaurou e continuou a usar no ministério.

---

⁶ "Além disso, tínhamos pais humanos que nos disciplinavam e nós os respeitávamos. Quanto mais devemos submeter-nos ao Pai dos espíritos, para assim vivermos! Nossos pais nos disciplinavam por curto período, segundo lhes parecia melhor; mas Deus nos disciplina para o nosso bem, para que participemos da sua santidade. Nenhuma disciplina parece ser motivo de alegria no momento, mas sim de tristeza. Mais tarde, porém, produz fruto de justiça e paz para aqueles que por ela foram exercitados". Portanto, fortaleçam as mãos enfraquecidas e os joelhos vacilantes. Façam caminhos retos para os seus pés, para que o manco não se desvie, mas antes seja curado" (v. 9-13).

A voz de Brad começou a tremer. — Cara, eu precisava ouvir aquilo. Isso me renovou a esperança. *Talvez*, pensei, *Deus seja grande o bastante para pegar o estrago que fiz e usar isso para a glória dele.*

Deus, o curador
Brad e Heidi saíram para jantar, e, enquanto fiquei lá assentado esperando, a minha mente começou a vaguear. Olhando pela janela, onde pinheiros faziam sombra no meu jardim, imaginei um piquenique, uma festa de aniversário de 40 anos para uma pessoa cujo rosto eu não podia discernir. Dois filhos adultos riam enquanto recontavam histórias de família. Talvez houvesse mesmo um neto nos braços de um deles.

Aniversários disparam as minhas memórias. Quatro décadas antes, uma amiga solteira me parou no *campus* da Universidade de Missouri. Ela estava assustada. *Estou grávida. O que devo fazer? Lee, confio no seu conselho. Diga-me o que devo fazer.*

Eu era tão direto, tão indiferente nas minhas opiniões... *Bem, se o bebê está a caminho, livre-se dele. O aborto é legal em Nova York. Posso ajudar você a fazer os preparativos. Arranjaremos dinheiro para isso. Não vai ser difícil.*

Dez anos depois, quando assumi a fé em Cristo, houve muito arrependimento que preguei na cruz de Cristo. Eu sabia que a graça de Deus cobria tudo. Mas, à semelhança de Brad, perdoar a mim mesmo foi outra conversa. Eu era torturado pelo que "poderia ter sido".

Como teria sido aquela criança? O que teria se tornado? Quando parentes e amigos oferecessem um brinde em seu 40º aniversário, que histórias teriam contado sobre ele? Ou teria sido uma menina, que se tornou mulher, uma mãe que trouxe mais vidas ao mundo?

Com o passar do tempo, lembrei a mim mesmo a plenitude do perdão de Deus, e isso me ajudou muito. Mesmo assim, era difícil evitar a vergonha. Então, finalmente resolvi escrever uma carta para aquela criança. Eu lhe disse que sentia muito, que queria voltar atrás e desfazer o que fiz. Acima de tudo, eu lhe disse que esperava encontrá-la no céu.

Não consigo me lembrar do que aconteceu com aquela carta. Eu a guardei por muito tempo, mas depois a perdi. De certa forma, estou feliz que a tenha perdido. Cristo me perdoou. Ele age como se isso nunca tivesse acontecido. Sua graça aliviou a minha vergonha. Mas o meu pecado ainda ecoa pelo tempo. Os aniversários são muito difíceis para mim.

O caso de Brad — não, seu adultério — terá consequências no futuro. Talvez um membro de sua igreja, desiludido por seu fracasso, tenha se desviado da fé. Certamente os efeitos do pecado não podem ser minimizados. Não obstante, Brad estava certo quanto a uma coisa: Deus é grande o bastante para redimir o mais nocivo dos pecados e usar as circunstâncias para o bem.

Um dia, quando Brad e Heidi estavam em aconselhamento, o terapeuta lhes disse: — O casamento de vocês vai emergir melhor por causa disso.

Brad e Heidi riram.

O conselheiro disse: — Um dia vocês usarão tudo isso para ajudar outras pessoas.

Eles riram de novo.

— Se você acha que algum dia falarei disso em público — disse Heidi —, está completamente equivocado.

Ele respondeu: — Veremos.

Vocês podem nos ajudar?

Em um tórrido dia de verão na zona rural de Ohio, mais de 15 mil pessoas participavam de um festival de música cristã. Entre uma apresentação e outra, centenas delas se aglomeravam em tendas para ouvir palestrantes falando sobre uma infinidade de temas.

Três sessões eram conduzidas pelo novo pastor de uma igreja nas proximidades e pela esposa dele. Eles se mudaram para a região depois de alguns anos na Carolina do Sul. O ministério deles se chama "Edificando Seu Casamento"; eles falam sobre comunicação, intimidade e resolução de conflitos; mas, diferentemente do que ocorre em vários eventos conduzidos por eles, dessa vez o tema do adultério não fazia parte da agenda.[7]

Depois de uma palestra, uma mulher, acompanhada de seu encabulado marido, aproximou-se dos palestrantes, Brad e Heidi. — Não sei se vocês podem nos ajudar, mas há três meses o meu marido revelou que ele teve um caso — disse a mulher. — E não sei se há alguma esperança para nós.

Heidi não pôde segurar um sorriso de simpatia.

— Sim — Heidi assegurou. — Nós podemos ajudar.

---

[7] V. <www.BuildYourMarriage.org>.

Capítulo Oito

O pródigo
A porta para a graça é o arrependimento

> "Não podemos apreciar verdadeiramente a graça de Deus até que tenhamos um vislumbre de sua grandeza. Não seremos exaltados por seu amor até que sejamos humilhados por sua santidade."
>
> — Drew Dyck[1]

Alguns anos atrás, o meu amigo Mark Mittelberg e eu estávamos com Luis Palau, o afável e incansável evangelista, enquanto jantávamos num restaurante rústico em uma área nobre de Chicago. Em algum momento entre a truta arco-íris e a torta de maçã, Luis se esticou e tocou os nossos antebraços, como se fosse subitamente tomado por um impulso urgente.

— Amigos, tenho um favor a pedir — ele declarou, com seu sotaque argentino. — Vocês podem orar por meu filho Andrew? Ele se afastou do Senhor, e estamos muito preocupados com ele.

Não tenho certeza se Luis queria que déssemos uma pausa na refeição e orássemos ali mesmo naquele momento, mas foi o que fizemos. Não ficamos à vontade para perguntar sobre detalhes; então simplesmente pedimos a Deus que abrisse o coração do Andrew à graça. Como não agir assim? A expressão de preocupação paternal no rosto de Luis deixou claro que, mesmo tendo falado a respeito de

---

[1] DYCK, Drew. **Yawning at Tigers**. Nashville, TN: Thomas Nelson, 2014. p. 3.

Jesus a multidões ao redor do Planeta, aquele era o indivíduo que ele mais desejava alcançar.

Andrew é o terceiro dos quatro filhos de Luis e Pat Palau. Quando jovem, Luis foi intérprete de Billy Graham e mais tarde se tornou um dos mais renomados evangelistas de sua geração, conduzindo eventos evangelísticos, escrevendo livros e transmitindo programas radiofônicos, a ponto de ter alcançado 1 bilhão de pessoas em 75 países.[2]

Quando Andrew nasceu em 1966, sua avó, que estava confinada a uma cadeira de rodas por causa de uma poliomielite, fez uma predição espontânea ao genro Luis. Ninguém sabe se foi uma declaração profética ou a simples expressão de um desejo, embora ela tivesse certa tendência a fazer pronunciamentos dramáticos. As palavras dela tornaram-se parte da tradição da família: — Luis, este aqui vai ser um evangelista.

Essas esperanças se evaporaram cedo. Ainda que o jovem Andrew tivesse uma aparência cristã, estava claro que uma superfície fina mascarava sua indiferença constante a tudo o que fosse espiritual.

Ele parecia impermeável aos apelos do pai sobre Jesus, escolhendo antes adorar no altar do ego. Começou a beber e a fumar maconha, estava preocupado apenas em satisfazer seus próprios interesses egoístas, foi expulso de uma renomada universidade cristã, trocava de namorada como quem troca de roupa, vagueava sem rumo na vida, fugia de suas responsabilidades, dominando a sombria arte da duplicidade e do engano. Tudo isso tornava fácil desistir dele.

Luis continuava orando.

Todas as decisões erradas

— Eu era um bobo — Andrew confessou para mim mais de duas décadas após aquela reunião espontânea de oração que tive com o pai

[2] V. <www.palau.org/about/leadership-team/item/luis-palau>. Acesso em: 16 dez. 2015.

dele. — Provérbios tem muito a dizer a respeito de gente tola. Repare bem na lista. Aquele lá era eu.

As mais de setenta referências no livro veterotestamentário de Provérbios pintam um quadro miserável e deplorável. Os tolos detestam a sabedoria, são autocomplacentes, fazem os pais sofrer, enganam, recusam-se a andar na linha, rejeitam a disciplina, zombam de conselhos recebidos e se exaltam.[3] E isso é só o começo.

Fiz uma revisão mental dessas características antes de dizer a Andrew: — Há coisas duras lá.

— Falando sério, eu era o tolo de Provérbios — Andrew insistiu. — Desperdicei todas as oportunidades que tive, optei pela lei do menor esforço, tropecei pela vida bêbado ou drogado, ou os dois ao mesmo tempo. Só tomei decisões erradas. Tudo tinha a ver *comigo:* diversão, mulheres, festas com amigos, confusões. Era uma competição para ver quem fazia a coisa mais maluca e rir no dia seguinte. Se isso não é ser um bobo, então não sei o que é.

Estávamos assentados no escritório minimamente mobiliado do ministério de Luis Palau, não muito longe do aeroporto de Portland, Oregon. Ainda que ele esteja na casa dos 40 e seja pai de adolescentes, Andrew tem uma aparência jovem e charmosa, com cabelo castanho partido de lado, mas um pouco desgrenhado, roupas informais e um olhar sincero.

Levei um susto com a declaração nua e crua que ele fez a respeito de si mesmo, a qual, com franqueza, se parece muito com a que eu fazia quando era jovem. — Qual era sua motivação? — perguntei. — Você percebia hipocrisia na sua casa? O seu pai foi negligente, abusou ou feriu você emocionalmente?

— Não, nada disso. Não posso culpar ninguém. Veja só, eu estava apaixonado por mim mesmo. Queria ser um cara legal para ser aceito pelas garotas e pelos caras certos nas turmas certas. Eu era

---

[3] V. Provérbios 1.7,32; 10.18,21,23; 12.23; 14.3,8,9; 15.5; 17.21; 23.9; 30.32.

egoísta, autocentrado, autoindulgente e rebelde, mas não porque estivesse com raiva de Deus.

— Você achava que o cristianismo era verdadeiro?

— Bem, isso é constrangedor, mas eu pensava que provavelmente *fosse* verdadeiro. Era simples: eu simplesmente não me importava. Eu amava muito o meu pecado.

— Você deve ter feito um bom trabalho para esconder isso dos seus pais — eu disse.

— Sim, eu era bastante falso. Podia agir de maneira amigável, gregária e positiva. Dizia todas as coisas certas e, quando necessário, mentia para escapar dos problemas. De fato, fiz tudo o que um bom filho de evangelista deve fazer: era membro do grupo de jovens da igreja, decorei versículos da Bíblia, participei de conferências missionárias e ia à igreja todo domingo.

— O que você pensava da igreja?

— Acho que gostava.

— Sério?

— Claro — ele respondeu. — As pessoas eram muito amigáveis. Além disso, muitos dos meus amigos de farra frequentavam a igreja. Eu não queria que me acusassem de ser um hipócrita ou causar problemas para os meus pais; então simplesmente parei de frequentar o mundo cristão. Parece contraditório, mas eu estava sendo muito sincero em não querer criar problemas para a minha família e os demais. Desempenhei esse papel muito bem.

"Suco da selva" e maconha

Bem cedo na vida, Andrew começou a flertar com problemas para ganhar a atenção daqueles a quem queria impressionar. Primeiro foram pequenos atos de vandalismo e outros comportamentos inconsequentes, como explodir galões de gasolina em rodovias à noite para assustar motoristas, jogar coquetéis Molotov no pátio da escola e montar bombas caseiras cada vez mais poderosas. Depois vieram o roubo e o álcool, com Andrew e seus amigos roubando cerveja e outras bebidas alcoólicas das garagens da vizinhança. Eles preparariam para as festas deles um coquetel muito forte, chamado "suco da selva", que era armazenado em latas de lixo de 110 litros.

Logo veio a maconha. — Houve uma época no ensino médio que fumávamos maconha a caminho da escola, na hora do almoço e após as aulas — disse Andrew. — Fazíamos uma festa sempre que podíamos, geralmente na casa daquele cujos pais estivessem viajando.

— Você nunca foi pego?

— Uma vez, na época do ensino médio, estávamos todos bebendo, e bati o carro na frente do jardim de alguém. Fugimos todos, mas eu levei uma multa pela batida e por excesso de velocidade, o que foi considerado um crime grave, posteriormente resolvido. Geralmente eu encontrava uma maneira de escapar do problema. Na verdade, eu detestava quando era pego e sentia remorso, mas me livrar do problema me dava mais coragem para a próxima jogada.

Depois do ensino médio, Andrew entrou na conservadora Universidade Biola no sul da Califórnia. — Eu era tão dependente do que os outros pensavam de mim... e de repente estava em um lugar onde ninguém me conhecia. Comecei a perguntar: "Quem de fato eu sou?". Só que, em vez de me aprofundar nesses questionamentos, voltei ao que sabia fazer: farras e bebedeiras.

Andrew sobreviveu ali por um ano até que a universidade "convidou-o" a "buscar o sucesso em outro lugar". Ele se transferiu para a Universidade de Oregon em Eugene, uma escola mais liberal, onde se formou em literatura inglesa e se envolveu com cocaína e drogas alucinógenas.

— Naquela época eu realmente estava fora de controle — ele contou. — Não havia ninguém me vigiando; então ultrapassei todos os limites. Eu manipulava e enganava as mulheres com quem namorava. Nos finais de semana, ia com os meus amigos a um lugar isolado na praia, acendíamos uma fogueira, ouvíamos música, bebíamos cerveja, usávamos ácidos e assim passávamos a noite. Não demorou muito, a nossa fraternidade foi expulsa do *campus* depois que incendiamos um Fusca velho que pertencia a um dos colegas do grupo.

Nas aulas, Andrew não se saía muito melhor. — Eu queria passar a imagem de intelectual, mas na verdade era superficial e só conhecia literatura o suficiente para enganar alguém que não sabia nada — disse ele. — Eu ainda estava inseguro quanto à minha identidade. Usei tantas máscaras por tanto tempo que, quando olhava no espelho, não conseguia identificar a imagem que contemplava.

Tentando interromper aquela espiral descendente, Luis sugeriu que Andrew parasse de estudar e fosse para a Europa adquirir alguma experiência de vida. Andrew trabalhou em uma loja de roupas de luxo em Cardiff, no País de Gales (tendo tempo o bastante para vagabundear pelo continente, fumar haxixe e conseguir uma vaga na tripulação de um navio) e depois se mudou para a Irlanda do Norte, onde trabalhou em uma loja de móveis.

Uma carta de um pai

— A minha vida não estava indo para lugar nenhum — disse Andrew. — Mas o meu pai nunca desistiu de mim. Quando eu era jovem, ele costumava me levar para caminhadas e falar de Jesus para mim. Quando me mudei, ele pedia a seus amigos que me levassem para jantar e compartilhassem comigo sobre Cristo. E me escrevia cartas.

Andrew tirou os óculos e pegou um exemplar de seu livro *The Secret Life of a Fool* [A vida secreta de um tolo], no qual ele narra sua história.[4] — Eu me lembro especialmente de uma carta que papai escreveu antes de me visitar na Irlanda do Norte — disse ele. — Aquela carta realmente revela o coração de um pai.

Andrew procurou a página certa e leu alguns trechos para mim em voz alta, carregada de emoção:

---

[4] PALAU, Andrew. **The Secret Life of a Fool**. Brentwood, TN: Worthy, 2012.

Querido Andrew [...]

Há uma frase que vem à minha mente toda vez que oro por você (e você pode imaginar que oro com frequência, pois você é um filho que amo muito). Quando eu tinha 21 anos, como você tem hoje, assumi esta pequena frase para mim mesmo: "Você, porém, homem de Deus [...]" (1Timóteo 6.11).

Andrew, você nasceu para ser um homem de Deus. É isso o que Deus tem para você. Esse é o propósito de Deus para a sua vida [...]. O Senhor Deus ama você com amor eterno. O primeiro passo para levar você de volta para ele já foi dado, quando ele de boa vontade e pessoalmente se entregou à cruz por você. Ali ele se tornou seu substituto. Ele assumiu o seu lugar e o seu castigo e removeu sua culpa para sempre.

Antes de qualquer outra coisa, Andrew, oro para que você possa abrir de verdade o seu coração para Jesus Cristo. O dia em que orei e pedi a Cristo que me desse vida eterna um conselheiro personalizou o texto de Romanos 10.9,10 para mim. Nunca perguntei, Andrew: Você já fez esse pedido a Cristo?

Andrew, se você confessar com a sua boca que Jesus é Senhor e crer em seu coração que Deus o ressuscitou dentre os mortos, sim, Andrew, você será salvo. Pois é com o coração, Andrew, que você crê para justiça, e com a boca você confessa para salvação. Depois vem o versículo 13: "[...] 'todo aquele que invocar o nome do Senhor será salvo'".

Se você não tomou essa decisão de verdade, Andrew, e se quiser que eu o ajude orando com você — nada no mundo inteiro me daria maior alegria —, eu o farei... se você quiser.

Agora há pouco uma pequena frase veio à minha mente: a vida secreta é o segredo. O que você é na sua alma é o que realmente é. Como um homem imagina em sua alma, assim ele é, diz o livro de Provérbios.[5] Você se tornará um homem de Deus, Andrew, quando convidar Cristo, de forma clara e específica, para entrar na sua alma. Você desenvolve a sua vida interior secreta ajoelhado diante do seu Pai celestial, lendo a Palavra de Deus, falando com Deus em oração, cantando e louvando a Deus, comprometido com a obediência [...].

Andrew, o meu amor por você como filho é muito profundo. Vejo um potencial intenso na vida que Deus preparou para você. Você pode abençoar e trazer grande felicidade e vida eterna a milhões se obedecer a Jesus Cristo como o seu Mestre e Senhor.

"Sigam-me, e eu os farei pescadores de homens."[6] Levei essa citação de Jesus muito a sério quando tinha a sua idade. Eu amo fazer isso. É a melhor vida no mundo. Você também vai gostar disso, meu filho, se seguir Jesus de todo o coração e de toda a alma. O que mais há neste mundo rebelde? Não há muita coisa.

Vou me encontrar com você em breve. Eu o amo e oro por você. Seu pai.[7]

Andrew pronunciou a palavra "Pai" lentamente, então fechou o livro, assentou-se e colocou os óculos no bolso de uma camisa.

— Esse é o meu pai — ele disse, finalmente. — As mesmas coisas que ele disse a 100 mil pessoas, ele falou ao próprio filho. Ele sabia que a única coisa que poderia mudar a minha vida era a graça de Deus. Ele enxergou isso com extrema clareza, mas eu estava completamente cego para isso. A confiança dele sempre esteve no poder do Evangelho.

---

[5] "Porque, como imagina em sua alma, assim ele é [...]" (Provérbios 23.7, *Almeida Revista e Atualizada*).
[6] Mateus 4.19.
[7] V. Palau, Andrew, **The Secret Life of a Fool**, p. 85-88. Para a história da conversão de Luis Palau, v. Palau, Luis. **Say Yes!** Portland, OR: Multnomah, 1991. p. 31-34.

O mendigo e a boate

Vamos avançar no tempo alguns anos. Andrew vivia em Boston, começando pelo degrau de baixo na escala corporativa de uma loja de roupas, e vivendo com um orçamento apertado em um apartamento minúsculo. Ele permanecia tão distante de Deus quanto sempre.

— Eu me dei conta de que era dependente de bebedeiras e farras por diferentes razões — disse ele. — Eu as usava para mascarar a realidade da culpa e da vergonha na minha vida. Não queria ir para a cama sóbrio, porque seria assaltado pelas memórias de todas as pessoas a quem magoei, feri, enganei ou usei. E havia a ansiedade: medo do futuro, medo do mundo, medo da eternidade.

— A que ponto as coisas chegaram?

— Emocionalmente, eu estava sem esperança — respondeu ele. — Um número cada vez menor de pessoas se impressionava com as minhas trapalhadas. Eu vivia em festas, o que era um pouco constrangedor para alguém da minha idade. Se não conseguisse encontrar alguém que saísse para beber comigo, ficava assistindo à televisão e bebendo cerveja até pegar no sono no sofá. Quando acordava, a televisão já estava fora do ar; e assim eu seguia, até que as estações anunciassem as primeiras horas do dia. Eu desligava a TV, ia para a cama, o despertador tocava, eu ia trabalhar e depois repetia tudo.

— Alguma vez você pensou em questões espirituais?

Andrew apertou os olhos enquanto recordava. — Eu estava começando a pensar na eternidade... tipo, um dia minha vida ia acabar, tal como a programação da TV, e então o que acontecerá? Era um pensamento desencorajador.

— Quando você chegou ao fundo do poço?

— Aconteceram duas coisas. Saí com alguns amigos para beber e farrear certa noite, e começamos a discutir com um mendigo que estava em uma calçada; houve muita gritaria e xingamentos. O homem se deitou para dormir, e não consigo acreditar que fizemos aquilo, mas começamos a dar chutes nele, sem parar.

Andrew fez uma careta. — Quer dizer, quão baixo uma pessoa pode descer... chutar um sem-teto? — ele disse. — Falando sério, tenho vergonha até de contar essa história. Que decadência pensar que não tinha nada demais fazer aquilo!? Aquele provavelmente foi o ponto mais baixo da minha vida. E depois aconteceu algo bizarro em uma boate que realmente me chocou.

— Uma boate?

— Sim, um lugar imenso, parecia um galpão, um clube de dança *techno-pop*. Era escuro, e havia gente por toda parte. Estava a caminho do banheiro quando um rapaz me parou e disse: "Você é crente". Eu perguntei: "Do que você está falando?". Ele repetiu: "Você é crente, certo?".

— Era alguém que você conhecia? — perguntei.

— Não, essa foi a parte mais estranha. Achei que ele pudesse ter me reconhecido da igreja, do tempo que eu era garoto, ou talvez fosse um amigo do meu pai. Então, pensei: *Oh, não, isso é péssimo. Este cara pensa que sou cristão e quer falar sobre isso.* Eu estava desesperado para sair de perto dele. Então, confirmei: "Sim, sou crente", esperando satisfazê-lo e assim acabar a conversa.

— Como ele reagiu?

— Ele disse: "Eu sabia. Você é um seguidor de Satã, certo?". E sorriu... era um sorriso enigmático... e então se misturou à multidão. Comecei a protestar, dizendo: "Não, não, não", mas ele já tinha desaparecido. Aquilo foi assustador para mim.

Fiquei pensando naquela cena bizarra. — O que você fez então?

— Fiquei aterrorizado. O que ele tinha visto em mim que o fez acreditar que eu era um seguidor de Satã? Ou aquele encontro poderia ter tido algo de sobrenatural? Parecia demoníaco, como se eu estivesse envolvido em algo tenebroso. De um lado, o meu pai queria me levar para Deus, e do outro lado parecia haver uma realidade que queria me agarrar.

Fiquei chocado imaginando a cena. — Que tipo de impacto isso teve sobre você? — perguntei. — Fez você se voltar para Deus?

— Era o que provavelmente deveria ter acontecido. Aquilo decerto causou uma impressão muito forte em mim. Durante muito tempo, fiquei imaginando se a minha vida de drogas e bebedeiras tinha aberto uma porta para outro mundo. E isso certamente é possível.

Andrew balançou a cabeça, consternado. — Mas como muitas vezes na minha vida, depois de um tempo simplesmente segui em frente, pela mesma estrada torta na qual caminhara por tanto tempo.

Uma decisão e alguma hesitação

Luis Palau pode ser esperto. Ele esperou até que o inverno em Boston estivesse insuportavelmente frio e então convidou Andrew para uma de suas campanhas evangelísticas. Quando Andrew objetou como sempre, dizendo que não estava interessado, Luis lhe contou que o evento seria na Jamaica. Assim que Luis concordou em providenciar uma pescaria de marlim para ele, Andrew começou a arrumar suas malas.

A mente de Andrew imaginava-se bebendo cerveja no crepúsculo caribenho, mas Luis tinha outra motivação: ele buscava mais uma vez romper a resistência aparentemente impenetrável do filho.

Andrew ficou hospedado na casa de um empresário jamaicano, que tinha um filho chamado Chris e uma filha chamada Wendy. Enquanto Andrew passeava com eles e seus amigos, ficou impressionado — e intrigado — com fé renovada e entusiasmada daqueles jovens, que pareciam refletir a "vida abundante" da qual ele sempre ouvira seus pais falar a respeito.[8]

— Eram pessoas normais, divertidas, calorosas e amigáveis, envolvidas com a comunidade e comprometidas com Cristo de uma maneira radical e cativante — Andrew relata. — Jesus parecia tão real e presente para eles. Ouvi quando eles falavam aos outros sobre como Deus os libertara de seus vícios e restaurara seus relaciona-

---

[8] "O ladrão vem apenas para roubar, matar e destruir; eu vim para que tenham vida e a tenham plenamente" (João 10.10).

mentos e concluí: *É disso que preciso! Não posso mais fingir que a minha vergonha e a minha culpa não estão acabando comigo. Precisa acontecer alguma coisa.*

Junto com seus amigos, Andrew compareceu a três das cinco noites em que seu pai pregou no Estádio Nacional de Kingston, com capacidade para 35 mil pessoas sentadas e próximo à famosa estátua do cantor de *reggae* Bob Marley.

— Sempre respeitei o meu pai e a sinceridade de sua mensagem — Andrew confessou. — Fui à última noite da cruzada com uma atitude receptiva. Realmente queria ouvir a voz do Deus que mudara tão completamente a vida dos meus novos amigos.

— E o que você fez?

— Bem, eu me assentei e ouvi, e o fato que mais me impressionou foi a mensagem do meu pai ter sido diferente de todas as que eu já ouvira. Foi como se ele estivesse falando diretamente para mim. Ele de fato estava preocupado comigo. Foi então que entendi: aquela era a mesma mensagem que ele prega o tempo todo. Ele contava a história do jovem líder rico, com a diferença de que eu não era rico e não mandava em nada.[9] Aquilo não tinha nada que ver especificamente comigo, e mesmo assim o Senhor estava me pressionando.

— Quando o meu pai fez o convite para as pessoas receberem Cristo, eu me vi dizendo em espírito: *Senhor, é isso o que eu quero. Por favor, preciso do Senhor na minha vida. Estou caminhando em outra direção. Quero o céu e quero fazer o que é certo. Não consigo parar de fazer o que detesto, mas quero deixar de fazer isso. E tudo o que eu digo que quero fazer, não consigo, mas quero fazer isso.* Naquele momento, decidi parar de beber, romper com os meus relacionamentos inapropriados e começar a frequentar a igreja.

— Você foi sincero?

---

[9] V. Lucas 18.18-29 (*Nova Versão Internacional*, "homem importante"; *Almeida Revista e Atualizada*, "certo homem de posição"; *Almeida Revista e Corrigida*, "certo príncipe"; *Nova Tradução na Linguagem de Hoje*, "certo líder").

— Sim, fui muito sincero. Eu queria aquilo que Deus estava oferecendo. Entendi que aquilo era muito melhor que a vida vazia que eu estava tendo.

Luis geralmente encerra suas campanhas chamando as pessoas a irem à frente se quiserem seguir Cristo. — Você respondeu ao apelo? — perguntei.

— Eu me senti impelido a ir, mas resisti. Muitas pessoas foram à frente, várias delas em prantos. Pensei: *Deve haver algo muito errado com essas pessoas*. Achei que a minha decisão era mais racional que a deles. Mas mesmo assim eu estava dando um passo ousado. Depois senti alívio. Imediatamente contei a Wendy, e ela ficou maravilhada, dizendo que eu precisava contar a meus pais.

— Como você se sentiu sobre fazer isso?

— Honestamente, senti alguma hesitação. O meu pai conta que fiquei rodeando o quarto de hotel dele e declarei: "Eu consegui, eu consegui! Agora sou cristão!". Mas, pelo que me lembro, a conversa foi difícil.

— Em que sentido?

— Contei a meus pais sobre a minha decisão, e é claro que eles me deram força. Viram esse tipo de resposta em muitas de suas cruzadas no decorrer dos anos e sabiam que o que Deus começou de algum modo ele levará a bom termo.[10] Mas havia certa hesitação também da parte deles, uma atitude de "esperar para ver".

— Hum. Eles tinham motivo para isso?

— Bem — Andrew respondeu —, com base no que aconteceu depois, foi uma atitude sábia deles.

Os efeitos da "graça barata"

Os amigos de Andrew em Boston ficaram impressionados — e céticos! — quando ele contou que tinha se tornado cristão.

---

[10] "Estou convencido de que aquele que começou boa obra em vocês, vai completá-la até o dia de Cristo Jesus" (Filipenses 1.6).

Eles observaram cautelosamente enquanto ele ia à igreja e começava a reorganizar sua vida. Mas o "novo Andrew" só durou um mês.

— Certa noite, fui a um bar com alguns amigos não para beber, mas apenas para passar tempo com eles — Andrew contou. — Não demorou até que eu bebesse uma cerveja. Depois outra. Logo já eram seis, mais três doses de vodca. Então, comecei a fumar maconha. E logo eu estava envolvido com algumas das garotas que eu sabia que deveria evitar.

— Então, deu tudo errado?

— Completamente. Envergonhei a mim mesmo e ao Senhor. Os meus amigos riram de mim. Eu estava envergonhado e humilhado. Mais uma vez a minha vida entrou em espiral descendente. Pensei: *Como pode o meu compromisso com Deus ser tão real e eu terminar assim? Como pude ter sido tão sincero e sofrer uma queda tão feia? E o que devo fazer agora?*

— Olhando para trás, como você analisa o que aconteceu?

— Parece que eu tinha mais em comum com o jovem rico do que imaginava a princípio. Jesus o desafiou a se entregar inteiramente a Deus, mas ele não quis abrir mão de sua riqueza. Insistiu em se apegar a ela, mesmo que isso significasse afastar-se de Jesus. Bem, eu tinha construído o meu próprio reino de prazer, no qual o meu domínio era supremo. Na verdade, eu não queria que Deus governasse toda a minha vida; queria continuar com as farras e com tudo o que significasse "diversão".

— Mesmo assim — eu disse —, a oração na Jamaica foi um passo na direção certa.

— Sim, foi um passo. O meu coração pareceu abrir-se para Deus. Mas, quando olho para trás, vejo que aquela oração na Jamaica foi vazia. Uma oração de salvação não quer dizer muita coisa, a menos que você abandone o pecado autenticamente e permita que Deus assuma o controle da sua vida. Eu estava dizendo: "Quero todas as coisas boas que tu ofereces: perdão, libertação da culpa, o céu e tudo mais. E vou me esforçar ao máximo para que fiques contente e me dês tudo o que verdadeiramente desejo. Sim, ó Deus, eu te quero, mas sem desistir de mim. Temos um acordo?".

Sacudindo a cabeça, Andrew concluiu: — Deus não faz barganhas desse tipo. De jeito nenhum. Essa é a graça barata a respeito da qual Bonhoeffer advertiu.

Reconheci a referência. "A graça barata", disse o teólogo Dietrich Bonhoeffer, "é a graça que concedemos a nós mesmos. É [...] o perdão sem a exigência de arrependimento [...] [e] a absolvição sem a confissão pessoal. Graça barata é graça sem discipulado, graça sem cruz, graça sem Jesus Cristo vivo e encarnado".[11]

Devemos buscar a "graça preciosa", enfatizou Bonhoeffer, porque "o que custou muito para Deus não pode ser barato para nós". Ela é preciosa porque condena o pecado, mas é graça porque salva o pecador.[12]

"Senhor, estou aberto"

Wendy foi a razão de Andrew voltar à Jamaica muitos meses depois. Ele estava cativado por seu charme e intrigado por sua profunda e constante fé em Cristo. Quando Andrew se encontrou com ela e seus amigos na ilha, fez o possível para agir como um cristão. Não demorou muito para que eles percebessem que era fingimento.

Steve, um desses amigos, confrontou Andrew certa noite: — Posso fazer uma pergunta? O que está acontecendo *de verdade* com você?

Andrew ficou em choque ao ver que seus amigos sabiam que ele não estava seguindo Jesus. Então, admitiu que estava lutando espiritualmente e que havia fracassado em seus esforços para ter uma vida melhor.

---

[11] BONHOEFFER, Dietrich. **The Cost of Discipleship**. New York, NY: Touchstone, 1995. p. 44-45. [**Discipulado**. 11. ed. São Leopoldo: Sinodal, 2007.]
[12] Ibid., p. 45.

— Fiquei surpreso porque Steve não entrou em pânico nem me criticou — Andrew completou. Ele disse que não era incomum a necessidade de crescer depois de uma decisão inicial por Cristo e me convidou a orar e ler a Bíblia com ele na manhã seguinte.

Ajoelhados de madrugada, Steve leu os versículos iniciais de Romanos 12: "Portanto, irmãos, rogo pelas misericórdias de Deus que se ofereçam em sacrifício vivo, santo e agradável a Deus; este é o culto racional de vocês. Não se amoldem ao padrão deste mundo, mas transformem-se pela renovação da sua mente, para que sejam capazes de experimentar e comprovar a boa, agradável e perfeita vontade de Deus".[13]

Enquanto discutiam a passagem, Andrew começou a chorar de frustração. Ele tinha ouvido as palavras, mas não entendia seu significado.

— O meu nível de compreensão era zero — ele me disse. — Lá estava eu, um graduado em literatura inglesa, acostumado a interpretar textos, sem a menor ideia do que a passagem significava. Eu queria muito ouvir Deus através de sua Palavra, mas era como se houvesse um muro entre mim e os versículos.

Steve continuou a tentar explicar o que o apóstolo Paulo estava ensinando naquela passagem. Naquela hora, Andrew pensou consigo mesmo: *Tentei essa coisa de cristianismo e fracassei. Não sei o que esses versículos querem dizer quando falam em transformação e renovação, mas, seja o que for, isso com certeza não está acontecendo comigo.*

Percebendo a exasperação de Andrew, Steve ofereceu uma solução: — Você precisa ir até a montanha.

Ele disse que todo ano um grupo de crentes ia até as exuberantes e tropicais montanhas Azuis, nas proximidades de Kingston,[14] para

---

[13] Romanos 12.1,2. Steve prosseguiu e leu o v. 3: "Por isso, pela graça que me foi dada digo a todos vocês: Ninguém tenha de si mesmo um conceito mais elevado do que deve ter; mas, ao contrário, tenha um conceito equilibrado, de acordo com a medida da fé que Deus lhe concedeu".
[14] Kingston é a capital da Jamaica. [N. do T.]

um retiro de alguns dias durante os quais eles fortaleciam os relacionamentos de amizade, oravam, louvavam e estudavam a Bíblia.

Isso exigiria algumas mudanças de última hora no itinerário de Andrew, mas ele se sentiu atraído pelo convite. Silenciosamente, orou: *Senhor, estou aberto. Vamos encarar: eu me abri para todo lixo do mundo, por que não posso me abrir para o que seja que tu tenhas guardado para mim?*

Andrew disse a Steve: Pode contar comigo.

Confissão e purificação

Durante o encontro de dois dias de duração, a ênfase do ensino recaiu sobre temas grandiosos e sublimes: a grandeza, o poder, a autoridade, a santidade e o caráter de Deus, e sua descrição bíblica como Criador e Rei do Universo. Houve um debate a respeito da obra do Espírito Santo no mundo, convencendo as pessoas do pecado, levando-as para o Reino de Deus e transformando-as de dentro para fora.

Andrew queria cada vez mais experimentar de forma pessoal e íntima esse Deus impressionante, assim como as demais pessoas do retiro haviam experimentado. *O que vai acontecer?* — ele continuava perguntando a Deus. *Preciso ter certeza de que tu és real e de que tudo isso é real.*

Ele começou pedindo a Deus um encontro sobrenatural. *Senhor, cuida de uma só coisa: revela-te a mim. Manifesta-te a mim, e saberei que tu és real. Decerto tu podes fazer isso. Tu tens o poder. Então, eu crerei e jamais me esquecerei.*

Andrew implorava mais e mais que Deus lhe aparecesse. Ele pensou que, se pudesse de alguma maneira demonstrar sinceridade máxima, se o desejasse de todo o coração, e Deus não respondesse, talvez fosse o momento de desistir de tudo para sempre.

Simplesmente aparece para mim. Senhor. Só isso... ele orava com fervor, esquecendo-se de que Jesus na cruz declarou "Está consumado" e agora espera que as pessoas respondam em fé.

A despeito das súplicas de Andrew, nada aconteceu. Frustrado e desencorajado, em um esforço quase desesperado, como se levantando os braços em aflição, Andrew repentinamente percebeu que tinha mudado sua oração e sussurrou: *Deus, o que está me afastando do Senhor?*

No mesmo instante, ele foi surpreendido por uma resposta distinta que sentiu em seu espírito. *Você quer mesmo saber, Andrew?* Ele estava cada vez mais ávido pelo encontro divino que tanto buscara. Talvez finalmente Deus aparecesse para ele. S*im, Deus, claro. O que é? O que está me afastando do Senhor?*

As sobrancelhas de Andrew se ergueram enquanto ele descrevia o que aconteceu a seguir, como se estivesse nitidamente revivendo aquele momento. Suas palavras se atropelavam, seu tom de voz era uma mistura de assombro, maravilhamento e horror.

— Imediatamente, em um *flash*, e é difícil pôr isso em palavras, Deus miraculosamente abriu os meus olhos para o que estava me afastando dele: diante de mim estava todo o lixo da minha vida, todas as minhas mentiras, enganos, roubos e relacionamentos abusivos, toda a arrogância e todo o orgulho, todos os vícios e todas as pessoas a quem eu tinha ferido, toda a fraude, hipocrisia e indiferença. Vi tudo isso, uma pilha de pecados aparentemente insuperável, que chegava tão alto quanto eu conseguia enxergar.

— Eu estava como que nocauteado, estava horrorizado... respirava com dificuldade e caí com o rosto em terra, envergonhado e humilhado, cheio de remorso, bradando como nunca tinha feito. Eu soluçava sem parar; as minhas lágrimas molharam o chão. Então, eu disse: *Deus, como pude ter sido tão tolo? Por favor, perdoa-me! Por favor, afasta tudo isso de mim! Não posso mais viver dessa forma. Que esperança tenho com todo esse lixo dentro de mim?*

— E a resposta de Deus naquele momento veio diretamente das Escrituras: se confessar o seu pecado, Andrew, posso perdoar você de toda a injustiça. Eu o purificarei. E afastarei isso de você, assim como o Oriente está afastado do Ocidente. Não me lembrarei mais do seu pecado.

— Comecei a confessar os meus pecados tão rapidamente quanto Deus os trazia à minha consciência; ele os revelava a mim, um por um, e eu chorava pedindo perdão, e ele os perdoava. Ele estava me purificando, me esfregando e me limpando. Vi a mim mesmo como realmente sou, à luz da santidade e pureza de Deus, e, assim como Isaías diante do trono do Senhor, eu estava abalado.[15] Mas, por sua graça, Deus estava montando as peças do quebra-cabeça da minha vida.

— Lá estava eu, com o rosto no chão, e alguns dos rapazes se aproximaram, colocaram o braço sobre os meus ombros e disseram: "Esta é a sua hora, Andrew. Preste bastante atenção. Não tente esconder nada do Senhor". Eles me levaram para uma sala e me ajudaram a verbalizar algumas das minhas confissões.

— Depois de duas ou três horas, eu tinha acabado, e foi como se Deus tivesse acendido uma luz na minha alma. Senti um alívio inacreditável, um sentimento interior de libertação de todas as coisas que me prendiam. Pela primeira vez, entendi o que Jesus quis dizer quando afirmou que não apenas nos libertaria, mas nos libertaria em verdade, como um prisioneiro que é não apenas libertado de sua prisão, mas corre para os braços de seu pai. Olhei para a montanha, e era como se o mundo inteiro estivesse novo, lindo, simplesmente lindo.

— Continuei agradecendo a Deus por sua graça e, então, movido por pura gratidão, sussurrei: "Vou contar para todo mundo o que o Senhor fez". Enquanto as palavras saíam da minha boca, Deus respondeu: *Você irá.* E isso não tinha a forma de uma pergunta, mas de como uma declaração, como se Deus estivesse selando seu chamado na minha vida.

— Então, comecei a celebrar e a agradecer a Deus, e me lembro de haver tido uma forte impressão em espírito, como se Deus estivesse

---

[15] V. Isaías 6.

me dizendo: *Estou com você, Andrew. Eu sou a fonte do seu regozijo. Você consegue perceber o poder da oração que estava na sua vida?*

— E era como se eu dissesse: *Sim, claro, isto é verdade*. Pensei em todas as vezes que, no decorrer dos anos, os meus pais me consagraram ao Senhor, e até mesmo nos estranhos de todo o mundo a quem o meu pai pedia que orassem por mim.

Ele sorriu e então apontou para mim. — Até você, Lee.

A contramão do rebelde

Dessa vez, foi muito diferente quando Andrew contou para o pai dele. — Desci da montanha e imediatamente liguei para o meu pai — Andrew me disse. — Eu falei: "Pai, você não adivinha o que aconteceu". Descrevi o que Deus havia feito, e ele me respondeu: "Oh, Andrew, era *isso* o que estávamos esperando".

— Arrependimento — eu disse.

— Exatamente. Arrependimento é o único caminho do rebelde para Deus. Eu precisava confessar que estava errado e que Deus estava certo; eu precisava falar sobre a minha depravação em contraste com a santidade dele; eu precisava ser purificado e conduzido por ele. É *assim* que a transformação e a renovação começam. Não basta simplesmente orar: *Deus, faça de mim uma pessoa melhor*. Foi o arrependimento que abriu as comportas da graça para mim, e foi a graça que mudou a minha vida e a minha eternidade.

Anos depois de sua experiência de cura da alma com Deus e dos subsequentes estudos em um seminário, Andrew se uniu à organização Palau, agora um novo caminho para ele seguir Jesus com inteireza de coração. Ele carregou as malas do pai durante quatro anos, depois passou seis anos alternando em várias cidades para servir a igrejas locais, e organizava grandes eventos musicais e esportivos, nos quais Luis compartilhava o evangelho.

Nos anos que se seguiram, o próprio Andrew se tornou um evangelista, contando a história da graça de Deus em cruzadas e festivais ao redor do mundo; algumas vezes falava a multidões de dezenas de milhares de pessoas, e em outras ocasiões encorajava individualmente presidiários.[16]

Ah, lembra-se da Wendy? Ela e o Andrew estão casados há mais de vinte anos.

A história de Andrew me evoca fortes lembranças. Atraído pela mudança de vida de Leslie, a minha esposa, depois que ela se tornou cristã, passei quase dois anos usando a minha formação jurídica e a minha experiência como jornalista para investigar a validade do cristianismo. Naquela época, eu não entendia que até mesmo a minha capacidade de buscar Deus se devia à sua graça que me capacitava a buscá-lo.[17]

Se Deus fosse uma miragem ou a expressão de um desejo, se Jesus fosse uma lenda, uma fraude ou simplesmente um apoio para os fracos, eu não iria querer nada com o cristianismo. Contudo, à medida que a evidência começou a se acumular, como se Jesus fosse capaz de suportar os meus socos céticos e revidar, eu ficava cada vez mais intrigado. E, tal como Andrew Palau, finalmente cheguei ao ponto de me abrir espiritualmente. Afinal, se Deus é real, por que eu não iria querer experimentá-lo?

Numa noite de domingo em 18 de novembro de 1981, sozinho no meu quarto, finalmente reuni todas as evidências e todos os prós e contras do cristianismo, chegando ao meu veredito pessoal no caso de Cristo. Isso envolveu mais que mero assentimento intelectual a

---

[16] V. <www.palau.org>.
[17] "Ninguém pode vir a mim se o Pai, que me enviou, não o atrair [...]" (João 6.44). "É por isso que eu disse a vocês que ninguém pode vir a mim, a não ser que isto lhe seja dado pelo Pai" (João 6.65). O teólogo Thomas C. Oden disse: "Tal atração e tal capacitação são exatamente o que se quer dizer por graça preveniente [...] [que é] necessária para o próprio começo da fé". V. ODEN, Thomas C., **The Transforming Power of Grace**, p. 120. O Segundo Concílio de Orange, no ano 529, declarou: "O pecado do primeiro homem enfraqueceu e debilitou tanto o livre-arbítrio que desde então ninguém pode amar a Deus como deveria, ou crer em Deus ou fazer o bem por causa de Deus, a não ser que a graça da divina misericórdia o tenha precedido". V. LEITH, John (Ed.). **Creeds of the Churches**. Richmond, VA: John Knox Press, 1979. p. 48.

um conjunto de proposições, porque no momento em que percebi que Deus está vivo, e é santo, perfeito e puro, fiquei mortificado pela corrupção da minha própria alma.

Assim como Andrew, a minha vida tinha sido consumida pelo orgulho e pela autoadoração, pelo álcool, por relacionamentos ilícitos e pela desconsideração arrogante dos outros. O pai do meu melhor amigo no ensino médio disse uma vez que eu era a pessoa mais amoral que ele conhecera. Nada guiava a minha vida, a não ser o meu próprio interesse cínico.

Naquele momento, quando os meus olhos se abriram para Deus, todo o meu pecado inundou a minha mente como a descarga de um encanamento de esgoto. Senti horror e repulsa. Queria correr e me esconder da luz brilhante da convicção de Deus. Só uma coisa me impediu, um versículo que um amigo havia me indicado um tempo antes e que naquele momento me veio à mente quase instintivamente: "Contudo, aos que o receberam, aos que creram em seu nome, deu-lhes o direito de se tornarem filhos de Deus".[18]

Ó Deus, estou sobrecarregado pelos meus pecados. Somente a tua graça pode me salvar. Por favor, purifica-me, muda-me, oriente-me, usa-me.

Por caminhos que eu jamais seria capaz de imaginar, Deus me respondeu. À semelhança de uma órfã chamada Stephanie e um viciado chamado Jud, tal como um pecador chamado Craig e um assassino chamado Duch, e como um criminoso chamado Cody e um enganador chamado Brad, não fui apenas perdoado. Mais que isso, fui recebido na família cuidadosa de um Pai que nunca nos desaponta.

Nos trinta anos seguintes, a minha vida seguiu um novo caminho de aventura e realização, enquanto Deus abria portas para eu servi-lo de maneiras que eu jamais poderia antecipar, até o dia, sem nenhum aviso prévio, em que minha saúde física e espiritual chegaram a um ponto de crise.

---

[18] João 1.12.

Capítulo Nove

Mãos vazias

Quando tudo parece perdido, a graça de Deus é o bastante

> "Deus não dá um dom menor que ele mesmo."
>
> — Agostinho[1]

Leslie me encontrou caído no nosso quarto, quase em coma. Freneticamente, ela chamou os paramédicos. Lembro-me de que acordei na ala de emergência de um hospital, onde um médico me examinava.

— Você está a um passo do coma — disse ele — e a dois passos da morte.

Caí inconsciente outra vez.

Uma cascata improvável de problemas médicos me colocou à beira da morte pouco antes de eu completar 60 anos. Um procedimento de rotina no coração poucas semanas antes causou complicações que comprometeram os meus rins. Eu estava com um princípio de pneumonia. Tive uma reação alérgica rara e severa à medicação que me fora dada para tratar um problema na voz. E os médicos não sabiam onde isso iria parar.

O que mais ameaçava a minha vida era uma *hiponatremia* — o meu nível de sódio no sangue havia despencado a um ponto no qual a vida era insustentável.

A água entrava nas minhas células, fazendo o meu cérebro inchar perigosamente. Os médicos precisavam elevar o nível ao normal para

---

[1] JURGENS, William. **The Faith of the Early Fathers**, Collegeville, MN: Liturgical Press, 1979. v. 3. p. 44.

me estabilizar, mas isso tinha de ser feito lenta e cuidadosamente. Se o nível subisse depressa demais, o cérebro poderia ser irremediavelmente danificado, o que me levaria à morte ou a uma deficiência severa.

Nível de sódio no sangue? Eu nunca tinha ouvido falar nisso. Nem eu nem ninguém da minha família. À medida que esse nível cai, os sintomas se tornam cada vez mais severos. Náuseas, dores de cabeça, fadiga e fraqueza muscular são seguidas por desorientação e alteração do estado mental, incluindo alucinações. Por fim há ataques apopléticos, inconsciência, coma — e morte.

O meu cérebro já estava reagindo. Nos dias anteriores ao meu estado comatoso em casa, o meu pensamento estava ficando mais e mais desorientado e irracional. Leslie estava confusa com o meu comportamento, que começava a se tornar errático, mas consegui, pelo menos no princípio, manter comigo mesmo os meus pensamentos bizarros.

Os sintomas clássicos da paranoia começaram a se manifestar. Comecei a pensar que as pessoas estavam escutando as minhas conversas atrás da porta e planejavam a minha queda. *Aquele atleta correndo em volta de casa certamente está trabalhando disfarçado para o FBI.* Hoje isto soa engraçado para mim, mas na época era no que eu acreditava. Isso aconteceu por dias, com o medo e a confusão se agravando cada vez mais.

Uma tarde em que Leslie saiu, eu me assentei no sofá do nosso quarto. Era o meio da tarde, não muito tempo depois que tomei uma medicação que inadvertidamente estava piorando a minha condição. Eu me sentia minado de toda energia. O quarto ficou escuro. Uma presença maligna e nefasta enchia a casa. O meu coração disparou.

Eu estava descendo ao inferno.

Visões de terror e perda

O quarto estava frio e úmido. Eu me sentia sufocado pelo terror, pela desesperança e pelo desespero. Criaturas ameaçadoras começaram a se reunir no canto do quarto e lentamente avançaram em minha direção, fazendo crescer o meu medo. Cobras e demônios deslizavam pelo chão; eu queria levantar os pés para fugir deles, mas não conseguia me mover. Era como se a minha vontade tivesse sido drenada.

Comecei a ter relances de imagens de conhecidos. Rosto de amigos e até de parentes com expressão severa flutuavam na minha direção, um após outro. Quando chegavam perto, aqueles rostos se dissolviam como se estivessem encharcados de ácido, com a boca escancarada em expressão de horror.

Na parede, o relógio parou, e então o ponteiro dos minutos começou a andar para trás. No meu íntimo, eu sentia que iria passar a eternidade naquele buraco de maldade e terror. Não havia esperança de resgate nem alívio para o pânico, apenas uma série sem fim de amanhãs tenebrosos. Um único minuto pareciam ser horas.

Não tenho ideia de quanto tempo essa experiência durou, mas de repente ouvi a batida da porta dos fundos. Leslie caminhava na cozinha. As imagens perturbadoras desapareceram. Abalado, eu continuava sentado no sofá processando o que tinha acontecido. Estava envergonhado demais para falar a respeito e permaneci na mesma posição, quieto, enquanto Leslie preparou uma xícara de chá para ela e então se assentou ao meu lado.

Ela tomou um gole e olhou para mim. Eu estava pálido e respirava com dificuldade. — Você está bem? — ela perguntou.

O meu coração estava quase parando. — Leslie — suspirei —, você acha que vai ter muita gente no inferno?

— Eu não sei — ela respondeu. — Por que você está perguntando isso?

Ela se aproximou para sentir a minha testa. — Você está transpirando. Não parece nada bem. Por que não se deita um pouco?

Sozinho no meu quarto, a minha hiponatremia ainda não diagnosticada piorava. Eu estava totalmente convencido de que tinha perdido tudo na vida. A minha esposa ia me deixar. Os meus filhos iam me denunciar. Os meus amigos iam me abandonar. A minha conta bancária ficaria zerada. A casa e os carros seriam tomados. A polícia estava à minha procura por crimes não especificados. Mesmo inocente, eu iria para a prisão e cairia em desgraça. Eu me imaginava vivendo em um descampado sujo, sozinho, tremendo no frio do Colorado, sem nenhum lugar para onde ir e sem ninguém para me ajudar.

Da minha perspectiva, não se tratava de uma fantasia provocada pelo meu quadro clínico; era impossível distinguir aquilo da realidade. Senti o impacto emocional de cada momento daqueles. Nunca fui um sem-teto, mas na minha mente experimentei o que isso significava. Nunca fali, nunca fui abandonado ou banido, mas agora sabia como se sente quem passa por isso. Nunca fui preso, mas agora entendo os efeitos desumanizadores do encarceramento.

Gostaria de dizer que a minha reação instintiva quando a minha mente se descontrolou foi buscar Jesus, mas não foi isso que aconteceu. À medida que o meu cérebro era espremido contra o meu crânio, a minha irracionalidade cresceu. Fiquei transtornado com um turbilhão emocional por causa de minha percepção da situação.

Completamente confuso, comecei a pensar que Jesus tinha me abandonado, como os demais. E por que não o faria? Eu era um sem-teto, sem família ou amigos, sem nada no meu nome. A minha reputação estava destruída, todas as minhas realizações se frustraram.

Eu não tinha absolutamente nada para apresentar a Deus.

Reconectando-se com Deus

Todo esse suplício durou vários dias até eu ter um colapso e ser hospitalizado. Em meio a tudo isso, o meu filho Kyle me procurou com uma sugestão simples: — Pai, precisamos orar.

Kyle tinha cerca de 2 anos quando assumi a fé em Jesus, portanto não me conheceu no tempo em que eu bebia muito e era um cético espiritual. Ele cresceu sem saber do meu estilo de vida nada saudável do passado, enquanto eu me abria mais e mais para o estilo de vida de Jesus. Não tenho dúvida de que cometi muitos erros como pai.

Mesmo assim, Kyle descobriu sua própria fé em Cristo quando era jovem e depois teve um chamado radical para o ministério durante uma tumultuada viagem missionária para a República Dominicana, quando se viu em circunstâncias assustadoras durante uma revolta popular.

Kyle seguiu o caminho acadêmico, tendo obtido graduação em estudos bíblicos, um mestrado em Novo Testamento e outro em filosofia da religião, e depois um doutorado em teologia na Universidade de Aberdeen, na Escócia. Seu foco tem sido a formação espiritual, a maneira pela qual somos conformados à imagem de Cristo. Foi sua especialização nessa área e sua preocupação com a confusão que ele via crescendo em seu pai que o levaram a nossa casa.

Honestamente, eu não queria orar com ele. Sentia como se Deus tivesse se afastado de mim, como supunha que todo mundo havia feito. Eu não tinha nada para oferecer a ele. Sofria sob o impacto emocional do que significa estar separado de Deus no inferno, e talvez eu precisasse mesmo passar por tudo aquilo.

Kyle e eu nos assentamos em cadeiras adjacentes. — Pai, não sei o que está acontecendo com você, mas vejo que está se sentindo alienado de Deus — disse ele.

— É isso mesmo.

— Bem, quero ajudar você a reconectar-se com a sua identidade em Cristo.

— O que você quer dizer com isso?

— Veja só, quando nos aproximamos de Deus, mesmo sem querer, trazemos conosco um falso eu, porque a nossa identidade está ligada ao que fazemos e realizamos. Subconscientemente, escondemos quem realmente somos para projetar a Deus, e ao mundo, uma imagem de que estamos no controle da situação. Quero ajudar você a superar essa condição.

Balancei a cabeça. — Eu também quero.

Uma oração de honestidade e fé

Nos trinta minutos seguintes, Kyle me guiou em oração, indicando áreas específicas e me dando tempo para expressá-las a Deus. Ele estava seguindo o esboço e até mesmo parte da linguagem da "Oração de Recordação" escrita por seu antigo professor John H. Coe.[2] O nosso tempo foi preenchido com longas pausas, enquanto eu reconhecia a verdade de cada declaração, deixando que elas saturassem a minha alma antes que eu as repetisse a Deus em voz alta.

— Senhor, reconheço que sou idólatra e pecador, e que isso repercute em como me apresento a ti — Kyle começou. — Admito ao Senhor que sou finito. Gosto de acreditar que sou infinito e que posso controlar a minha vida e governar o meu mundo, mas a verdade é que não posso. Só tu podes.

— Confesso que sou um corpo físico finito e neste exato momento estou me sentindo confuso, cansado e assustado. A minha doença obscureceu a minha mente. O meu corpo é limitado; não posso atender aos desejos de todos, muito menos às minhas próprias aspirações e ambições. Sou grato porque não sou Deus. Só tu podes atender a todas as minhas necessidades.

— Confesso que não sou definido por minhas habilidades, meus papéis ou minhas realizações. No íntimo do meu ser, não sou os meus comportamentos, os meus sentimentos, as minhas escolhas, as minhas peculiaridades de personalidade, as minhas virtudes ou os meus vícios. Não sou definido pelo meu sucesso ou pelo que as pessoas pensam de mim.

— No centro da minha alma, não sou um pastor... não sou um escritor... não sou um conferencista... não sou um professor ou um

---

[2] John H. Coe é diretor do Instituto para Formação Espiritual da Escola de Teologia Talbot. A essência da oração que Kyle fez comigo, e até algumas de suas palavras, foi adaptada de diversos textos de Coe. V., p. ex., Coe, John H., "Prayer of Recollection in Colossians", <www.redeemerlm.org/uploads/1/2/0/7/12077040/prayer_of_reccollection.pdf>. Acesso em: 11 fev. 2014; e "Prayer of Recollection", <http://wheat-chaff.org/spiritual-development/spiritual-formation/prayer-of-recollection>. Acesso em: 9 fev. 2011.

apologeta... não sou os prêmios e honrarias que recebi... não sou os meus diplomas... não sou o meu currículo... não sou uma celebridade cristã... não sou a minha conta bancária... não sou os meus bens ou os meus relacionamentos. Não sou um marido, um pai, um vizinho ou um amigo.

Enquanto orava essas palavras, era como se camadas interiores se soltassem de mim, Senti grande alívio, pois podia parar de fingir. Podia parar de tentar manter o meu mundo girando em torno de mim mesmo. Podia parar de agir como se tivesse todas as respostas. Podia ir à presença de Deus como eu realmente era.

— Senhor — disse Kyle enquanto eu repetia o que o meu filho dizia —, confesso a verdadeira identidade da minha alma: sou teu, Deus, criado para viver em união contigo. No fundo do meu ser, sou um espírito nu, revestido pela justiça de Cristo. Sou precioso aos teus olhos. Sou completamente perdoado da minha culpa e plenamente aceito por ti. Sou teu filho, amado por toda a eternidade e acolhido por teu abraço eterno. É *isso* o que realmente sou.

Os meus olhos umedeceram enquanto essa verdade se cristalizava. Mesmo que eu perdesse tudo — a minha casa, o meu dinheiro, os meus amigos, a minha reputação, a minha posição —, no fim, nada disso importaria, porque eu ainda teria a graça de Deus. Eu ainda seria seu filho adotado e amado. E isso seria o bastante.

A nossa oração continuou por um tempo seguindo essas linhas. Ao final daquele tempo juntos, Kyle pegou a Bíblia e concluiu com as palavras do apóstolo Paulo em Filipenses 3.8,9: "Mais do que isso, considero tudo como perda, comparado com a suprema grandeza do conhecimento de Cristo Jesus, meu Senhor, por quem perdi todas as coisas. Eu as considero como esterco para poder ganhar Cristo e ser encontrado nele, não tendo a minha própria justiça que procede da Lei, mas a que vem mediante a fé em Cristo, a justiça que procede de Deus e se baseia na fé".

Pensei no anjo do sonho que tive quando era criança. — Um dia — ele disse —, você vai entender. — Naquela época, não entendi que minha compreensão viria em estágios com o passar do tempo, à medida que a profundidade e a verdade da graça de Deus se revelassem na minha vida.

Mesmo durante o mais doloroso dos episódios.

Livre, de verdade

Nada liberta como a graça. Senti o meu coração aliviado após o tempo de oração que tive com Kyle. Eu me lembrei do dia em que Leslie e eu nos casamos. Naquela época, não éramos cristãos, mas na recepção após a cerimônia um gaiteiro de fole escocês estava tocando o que depois descobri que era o hino "Maravilhosa graça".

— Melodia cativante — eu disse.

Eu não prestei atenção na letra do hino. Jamais seria capaz de imaginar que um dia o hino de John Newton se tornaria o tema da minha vida. *Quão doce é o som da graça maravilhosa que salvou um desgraçado como eu!*

Depois que a minha hiponatremia me levou ao hospital, foram necessários vários dias para que os médicos cuidadosamente elevassem o meu nível de sódio de volta ao normal. Passei por uma bateria de exames que escanearam o meu cérebro e por vários outros testes. Eles trataram da minha pneumonia. A minha mente pouco a pouco adquiriu lucidez, ainda que o episódio tenha deixado uma marca permanente: um dos meus rins não pôde ser salvo.

Um dia o meu médico entrou satisfeito no meu quarto. — Está tudo normal — disse ele. — Os seus níveis estão ótimos. Você está livre para ir.

Sorri, olhei de relance para a janela e vi ao longe os picos cobertos de neve das montanhas Rochosas. *Estou livre, está tudo certo*, pensei. *Mais que ele imagina.*

Os médicos asseguravam que todo aquele suplício tinha sido um acaso, uma confluência extraordinária de complicações médicas que raramente poderia ter acontecido. As alucinações? Disseram que elas são típicas de casos severos de hiponatremia. Elas não voltariam, mas mesmo assim eu sabia que haviam deixado sua marca.

Nunca mais eu veria os sem-teto do mesmo modo. Ou os encarcerados. Ou os rejeitados e abandonados. Ou aqueles cuja vida os está levando para uma estrada perigosa longe de Deus, rumo a uma eternidade de arrependimento e remorso.

Eu nunca mais veria a mim mesmo do mesmo jeito. Estava determinado a me apegar à minha verdadeira identidade: um filho do Altíssimo, maravilhado por sua graça.

Epílogo
Graça negada, graça dada

> "Cuidem que ninguém se exclua da graça de Deus [...]."
>
> — Hebreus 12.15

Sempre imaginei uma coisa: Será que vou chorar quando o meu pai morrer?

Depois do confronto no qual o meu pai declarou que não sentia um pingo de amor por mim, saí de casa determinando a nunca mais voltar. Passei dois meses em um pequeno apartamento numa cidade distante cerca de 65 quilômetros, e trabalhava como repórter em um pequeno jornal diário. O editor concordou em me contratar depois do verão. O meu futuro parecia traçado.

O meu pai não entrou em contato comigo, mas a minha mãe vivia pedindo que eu voltasse para casa. Ela me telefonava e me escrevia dizendo que o meu pai certamente não queria ter dito o que disse. Finalmente, voltei e dei uma rápida passada em casa, mas o meu pai e eu não comentamos sobre o incidente que me levou a sair de casa. Nunca toquei no assunto, nem ele.

No decorrer dos anos, mantivemos um relacionamento civilizado, mas distante. Ele pagou as despesas da minha faculdade, e nunca lhe agradeci por isso. Ele nunca me escreveu, nunca me visitou e não compareceu à minha formatura. Quando me casei no terceiro ano na Universidade de Missouri, os meus pais cobriram as despesas da recepção, mas o meu pai e eu nunca tivemos uma conversa franca.

Depois de formado em jornalismo, fui contratado como repórter pelo *Chicago Tribune* e posteriormente desenvolvi um interesse em questões jurídicas. Tirei uma licença para estudar na Escola de Direito de Yale, planejando retornar ao *Tribune* como editor legal.

Poucos dias antes da minha formatura, eu estava em um cubículo na biblioteca em estilo gótico da faculdade de direito e folheava o *New York Times* para uma lenta manhã de leitura. Era uma preparação para os exames finais, e eu estava muito entusiasmado com a volta para Chicago.

Então, o meu amigo Howard apareceu. Dobrei o jornal e o cumprimentei; ele me encarou como se tivesse algo urgente para dizer, mas não conseguia encontrar as palavras certas. — Qual é o problema? — perguntei. Ele não respondeu, mas de alguma maneira eu sabia. — Meu pai morreu, é isso?

Ele balançou a cabeça e então me levou para um pequeno cômodo, onde solucei inconsolavelmente.

Sozinho com o meu pai

Antes que o velório do meu pai tivesse início no salão funerário, pedi que todos se retirassem. Fiquei em pé diante do caixão aberto por um longo tempo. Pensamentos de toda uma vida se atropelaram na minha mente. As minhas emoções se agitaram. Não havia nada a dizer, mas havia tudo a dizer.

Muitas vezes na minha vida, eu tinha racionalizado a necessidade de assumir a minha responsabilidade pela quebra do nosso relacionamento. *Ele é que devia me pedir desculpas.* O orgulho é que me fez seguir esse caminho. Por que eu deveria ir até ele me arrastando? Algumas vezes eu simplesmente deixava a questão de lado. *Posso resolver isso depois.*

Finalmente, após um longo período de silêncio, consegui sussurrar as palavras que desejei desesperadamente ter falado muitos anos antes: — Sinto muito, pai.

Sinto muito por como fui rebelde, menti para ele e o desrespeitei no decorrer dos anos. Sinto muito pela minha ingratidão. Sinto muito pela amargura e pelo rancor que permiti envenenar o meu coração. Pela primeira vez, admiti a minha culpabilidade no nosso conflito relacional.

Então, vieram as minhas últimas palavras ao meu pai: — Eu o perdoo. — Da melhor maneira que pude, eu lhe apresentei a graça, tarde demais para o nosso relacionamento, mas de muitas maneiras libertador e transformador para mim.

Com o tempo, descobri que nada cura como a graça.

Palavras inesperadas

Logo, sócios de atividades empresariais, vizinhos, colegas de golfe e outros chegaram ao velório para apresentar condolências à minha mãe e a outros membros da família. Eu me assentei em uma poltrona num canto. Eu estava lidando com emoções conflituosas e profundas e não me sentia bem para interagir com ninguém.

Um dos sócios do meu pai caminhou na minha direção e se assentou ao meu lado. — Você é o Lee? — ele perguntou.

— Sim, sou eu. — Nós nos cumprimentamos.

— Bom, é ótimo finalmente encontrar você, depois de ouvir tanto a seu respeito — ele disse. — O seu pai não parava de falar sobre você. Ele tinha muito orgulho do que você fazia. Toda vez que saía um artigo seu no *Tribune*, ele o mostrava para todo mundo. Quando você foi para Yale, bem, ele explodiu de orgulho. Ele sempre nos mostrava fotos dos filhos e sempre se gabava de você. É bom ver nome e rosto juntos, porque ouvimos muitas vezes o seu pai falar de você. "Lee está fazendo isto", "Lee está fazendo aquilo", "Você viu o artigo de capa do Lee?" Mas acho que você sabe de tudo isso.

A minha mente deu voltas enquanto eu tentava disfarçar a minha surpresa. Eu não conseguia parar de imaginar como poderia ter sido diferente se essas palavras tivessem vindo diretamente do meu pai.

Muitos anos depois, quando me tornei discípulo de Jesus, percebi o duro contraste. Agora, não havia como esconder o que o meu Pai sentia a meu respeito. Em declarações diretas, a Bíblia proclamava vez após outra: *O amor de Deus por mim é ilimitado e incondicional, sua graça é abundante e infinita. Sou feitura dele, ele se orgulha de mim e pensa em mim como membro de sua família por toda a eternidade.*

E, quando a graça de Deus sacudiu completamente a minha vida, perdoando-me, adotando-me e mudando a minha vida e a minha condição na eternidade, algo mais se tornou claro: como seria trágico não conceder essa graça a outras pessoas. Como eu poderia festejá-la na minha vida sem passá-la ao mundo que está morrendo carente dela? Como disse o ateu Penn Jillette, "Quanto você precisa odiar alguém para crer que a vida eterna é possível e não lhe falar sobre isso?".[1]

E se Michelle nunca tivesse abraçado Cody Huff? E se Luis Palau nunca tivesse escrito suas cartas a seu filho Andrew? E se a mulher no acampamento de refugiados nunca tivesse revelado o significado da cruz a Christopher LaPel? Como o apóstolo Paulo perguntou, de que maneira as pessoas vão crer em Cristo se nunca ouvirem a respeito dele?[2]

"[Deus] dispense sua bondade não com um conta-gotas, mas com um hidrante. O seu coração é um copo descartável, e a graça é o mar Mediterrâneo. Você simplesmente não consegue contê-la", disse Max Lucado. "Então, deixe transbordar. Derramar. Espalhar. 'Vocês receberam de graça; deem também de graça' ".[3]

Escrever sobre a minha jornada de graça neste livro só fez fortalecer ainda mais a minha resolução de imitar o apóstolo Paulo.

---

[1] **Preaching Today**, "Atheist-Illusionist Penn Jillette on Christians Who Don't Evangelize", <www.preachingtoday.com/illustrations/2009/may/2051109.html>. Acesso em: 9 fev. 2014.

[2] Romanos 10.13-15: "Porque 'todo aquele que invocar o nome do Senhor será salvo'. Como, pois, invocarão aquele em quem não creram? E como crerão naquele de quem não ouviram falar? E como ouvirão, se não houver quem pregue? E como pregarão, se não forem enviados? Como está escrito: 'Como são belos os pés dos que anunciam boas-novas!'".

[3] Lucado, Max. **Grace**. Nashville, TN: Thomas Nelson, 2012. p. 192, citando Mateus 10.8. [**Graça**. São Paulo: Thomas Nelson Brasil, 2012.]

"Todavia, não me importo", escreveu ele, "nem considero a minha vida de valor algum para mim mesmo, se tão somente puder terminar a corrida e completar o ministério que o Senhor Jesus me confiou, de testemunhar do evangelho da graça de Deus".[4]

Esta é a alegre tarefa de todo seguidor de Jesus. Algum dia será escrito a meu respeito no túmulo: *Ele ficou tão maravilhado com a graça de Deus que não pôde guardá-la somente para si.*

---

[4] Atos 20.24.

Apêndice
O que a Bíblia diz sobre a graça[1]

"E derramarei sobre a família de Davi e sobre os habitantes de Jerusalém um espírito de ação de graças e de súplicas. Olharão para mim, aquele a quem traspassaram, e chorarão por ele como quem chora a perda de um filho único e se lamentarão amargamente por ele como quem lamenta a perda do filho mais velho."

— Zacarias 12.10

"O menino crescia e se fortalecia, enchendo-se de sabedoria; e a graça de Deus estava sobre ele."

— Lucas 2.40

"Aquele que é a Palavra tornou-se carne e viveu entre nós. Vimos a sua glória, glória como do Unigênito vindo do Pai, cheio de graça e de verdade."

— João 1.14

"Todos recebemos da sua plenitude, graça sobre graça."

— João 1.16

"Pois a Lei foi dada por intermédio de Moisés; a graça e a verdade vieram por intermédio de Jesus Cristo."

— João 1.17

---

[1] Todas as versões bíblicas citadas são da NVI, exceto indicação em contrário. [N. do T.]

"Estêvão, homem cheio da graça e do poder de Deus, realizava grandes maravilhas e sinais no meio do povo."

— Atos 6.8

"Este, ali chegando e vendo a graça de Deus, ficou alegre e os animou a permanecer fiéis ao Senhor, de todo o coração."

— Atos 11.23

"Despedida a congregação, muitos dos judeus e estrangeiros piedosos convertidos ao judaísmo seguiram Paulo e Barnabé. Estes conversavam com eles, recomendando-lhes que continuassem na graça de Deus."

— Atos 13.43

"Paulo e Barnabé passaram bastante tempo ali, falando corajosamente do Senhor, que confirmava a mensagem de sua graça realizando sinais e maravilhas pelas mãos deles."

— Atos 14.3

"De modo nenhum! Cremos que somos salvos pela graça de nosso Senhor Jesus, assim como eles também."

— Atos 15.11

"Querendo ele ir para a Acaia, os irmãos o encorajaram e escreveram aos discípulos que o recebessem. Ao chegar, ele auxiliou muito os que pela graça haviam crido."

— Atos 18.27

"Todavia, não me importo, nem considero a minha vida de valor algum para mim mesmo, se tão somente puder terminar a corrida e completar o ministério que o

Senhor Jesus me confiou, de testemunhar do evangelho da graça de Deus."

— Atos 20.24

"Agora, eu os entrego a Deus e à palavra da sua graça, que pode edificá-los e dar-lhes herança entre todos os que são santificados."

— Atos 20.32

"Por meio dele e por causa do seu nome, recebemos graça e apostolado para chamar dentre todas as nações um povo para a obediência que vem pela fé."

— Romanos 1.5

"A todos os que em Roma são amados de Deus e chamados para serem santos: A vocês, graça e paz da parte de Deus nosso Pai e do Senhor Jesus Cristo."

— Romanos 1.7

"Sendo justificados gratuitamente por sua graça, por meio da redenção que há em Cristo Jesus."

— Romanos 3.24

"Portanto, a promessa vem pela fé, para que seja de acordo com a graça e seja assim garantida a toda a descendência de Abraão; não apenas aos que estão sob o regime da Lei, mas também aos que têm a fé que Abraão teve. Ele é o pai de todos nós."

— Romanos 4.16

"Entretanto, não há comparação entre a dádiva e a transgressão. De fato, se muitos morreram por causa da transgressão de um só homem, mas a graça de Deus, isto é, a dádiva pela graça de um só, Jesus Cristo, transbordou ainda mais para muitos. Não se pode comparar a dádiva de Deus com a consequência do pecado de um só homem: por um pecado veio o julgamento que trouxe condenação, mas a dádiva decorreu de muitas transgressões e trouxe justificação. Se pela transgressão de um só a morte reinou por meio dele, muito mais aqueles que recebem de Deus a imensa provisão da graça e a dádiva da justiça reinarão em vida por meio de um único homem, Jesus Cristo."

— Romanos 5.15-17

"A Lei foi introduzida para que a transgressão fosse ressaltada. Mas onde aumentou o pecado transbordou a graça, a fim de que, assim como o pecado reinou na morte, também a graça reine pela justiça para conceder vida eterna, mediante Jesus Cristo, nosso Senhor."

— Romanos 5.20,21

"Que diremos então? Continuaremos pecando para que a graça aumente? De maneira nenhuma! Nós, os que morremos para o pecado, como podemos continuar vivendo nele? Ou vocês não sabem que todos nós, que fomos batizados em Cristo Jesus, fomos batizados em sua morte?"

— Romanos 6.1-3

"Pois o pecado não os dominará, porque vocês não estão debaixo da Lei, mas debaixo da graça. E então? Vamos pecar porque não estamos debaixo da Lei, mas debaixo da graça? De maneira nenhuma!"

— Romanos 6.14,15

"Assim, hoje também há um remanescente escolhido pela graça. E, se é pela graça, já não é mais pelas obras; se fosse, a graça já não seria graça."

— Romanos 11.5,6

"Por isso, pela graça que me foi dada digo a todos vocês: Ninguém tenha de si mesmo um conceito mais elevado do que deve ter; mas, ao contrário, tenha um conceito equilibrado, de acordo com a medida da fé que Deus lhe concedeu."

— Romanos 12.3

"Temos diferentes dons, de acordo com a graça que nos foi dada. Se alguém tem o dom de profetizar, use-o na proporção da sua fé."

— Romanos 12.6

"Em breve o Deus da paz esmagará Satanás debaixo dos pés de vocês. A graça de nosso Senhor Jesus seja com vocês."

— Romanos 16.20

"Sempre dou graças a meu Deus por vocês, por causa da graça que dele receberam em Cristo Jesus."

— 1Coríntios 1.4

"Conforme a graça de Deus que me foi concedida, eu, como sábio construtor, lancei o alicerce, e outro está construindo sobre ele. Contudo, veja cada um como constrói."

— 1Coríntios 3.10

"Mas, pela graça de Deus, sou o que sou, e sua graça para comigo não foi inútil; antes, trabalhei mais do que todos eles; contudo, não eu, mas a graça de Deus comigo."

— 1Coríntios 15.10

"Este é o nosso orgulho: A nossa consciência dá testemunho de que nos temos conduzido no mundo, especialmente em nosso relacionamento com vocês, com santidade e sinceridade provenientes de Deus, não de acordo com a sabedoria do mundo, mas de acordo com a graça de Deus."

— 2Coríntios 1.12

"Tudo isso é para o bem de vocês, para que a graça, que está alcançando um número cada vez maior de pessoas, faça que transbordem as ações de graças para a glória de Deus."

— 2Coríntios 4.15

"Como cooperadores de Deus, insistimos com vocês para não receberem em vão a graça de Deus."

— 2Coríntios 6.1

"Portanto, assim como em tudo tendes abundância: em fé, em palavra, em conhecimento, e em todo o zelo e no vosso amor para conosco, assim também sobressaí nesta graça."

— 2Coríntios 8.7 (*Almeida Edição Contemporânea*)

"Pois vocês conhecem a graça de nosso Senhor Jesus Cristo que, sendo rico, se fez pobre por amor de vocês, para que por meio de sua pobreza vocês se tornassem ricos."

— 2Coríntios 8.9

"E nas orações que fazem por vocês, eles estarão cheios de amor por vocês, por causa da insuperável graça que Deus tem dado a vocês."

— 2Coríntios 9.14

"Mas ele me disse: 'Minha graça é suficiente para você, pois o meu poder se aperfeiçoa na fraqueza'. Portanto, eu me gloriarei ainda mais alegremente em minhas fraquezas, para que o poder de Cristo repouse em mim."

— 2Coríntios 12.9

"Admiro-me de que vocês estejam abandonando tão rapidamente aquele que os chamou pela graça de Cristo, para seguirem outro evangelho que, na realidade, não é o evangelho. O que ocorre é que algumas pessoas os estão perturbando, querendo perverter o evangelho de Cristo."

— Gálatas 1.6,7

"Reconhecendo a graça que me fora concedida, Tiago, Pedro e João, tidos como colunas, estenderam a mão direita a mim e a Barnabé em sinal de comunhão. Eles concordaram em que devíamos nos dirigir aos gentios e eles aos circuncisos."

— Gálatas 2.9

"Não anulo a graça de Deus; pois, se a justiça vem pela Lei, Cristo morreu inutilmente!"

— Gálatas 2.21

"Vocês, que procuram ser justificados pela Lei, separaram-se de Cristo; caíram da graça."

— Gálatas 5.4

"Porque Deus nos escolheu nele antes da criação do mundo, para sermos santos e irrepreensíveis em sua presença. Em amor nos predestinou para sermos adotados como filhos, por meio de Jesus Cristo, conforme o bom propósito da sua vontade, para o louvor da sua gloriosa graça, a qual nos deu gratuitamente no Amado. Nele temos a redenção por meio de seu sangue, o perdão dos pecados, de acordo com as riquezas da graça de Deus, a qual ele derramou sobre nós com toda a sabedoria e entendimento."

— Efésios 1.4-8

"Todavia, Deus, que é rico em misericórdia, pelo grande amor com que nos amou, deu-nos vida com Cristo quando ainda estávamos mortos em transgressões — pela graça vocês são salvos. Deus nos ressuscitou com Cristo e com ele nos fez assentar nas regiões celestiais em Cristo Jesus, para mostrar, nas eras que hão de vir, a incomparável riqueza de sua graça, demonstrada em sua bondade para conosco em Cristo Jesus. Pois vocês são salvos pela graça, por meio da fé, e isto não vem de vocês, é dom de Deus; não por obras, para que ninguém se glorie."

— Efésios 2.4-9

"Deste evangelho tornei-me ministro pelo dom da graça de Deus, a mim concedida pela operação de seu poder. Embora eu seja o menor dos menores de todos os santos, foi-me concedida esta graça de anunciar aos gentios as insondáveis riquezas de Cristo e esclarecer a todos a administração deste mistério que, durante as épocas passadas, foi mantido oculto em Deus, que criou todas as coisas."

— Efésios 3.7-9

"E a cada um de nós foi concedida a graça, conforme a medida repartida por Cristo."

— Efésios 4.7

"A graça seja com todos os que amam a nosso Senhor Jesus Cristo com amor incorruptível."

— Efésios 6.24

"É justo que eu assim me sinta a respeito de todos vocês, uma vez que os tenho em meu coração, pois, quer nas correntes que me prendem, quer defendendo e confirmando o evangelho, todos vocês participam comigo da graça de Deus."

— Filipenses 1.7

"que chegou até vocês. Por todo o mundo este evangelho vai frutificando e crescendo, como também ocorre entre vocês, desde o dia em que o ouviram e entenderam a graça de Deus em toda a sua verdade."

— Colossenses 1.6

"Eu, Paulo, escrevo esta saudação de próprio punho. Lembrem-se das minhas algemas. A graça seja com vocês."

— Colossenses 4.18

"Assim o nome de nosso Senhor Jesus será glorificado em vocês, e vocês nele, segundo a graça de nosso Deus e do Senhor Jesus Cristo."

— 2Tessalonicenses 1.12

"Que o próprio Senhor Jesus Cristo e Deus nosso Pai, que nos amou e nos deu eterna consolação e boa esperança pela graça, deem ânimo ao coração de vocês e os fortaleçam para fazerem sempre o bem, tanto em atos como em palavras."

— 2Tessalonicenses 2.16,17

"A graça de nosso Senhor Jesus Cristo seja com todos vocês."

— 2Tessalonicenses 3.18

"Contudo, a graça de nosso Senhor transbordou sobre mim, com a fé e o amor que estão em Cristo Jesus."

— 1Timóteo 1.14

"A Timóteo, meu amado filho: Graça, misericórdia e paz da parte de Deus Pai e de Cristo Jesus, nosso Senhor."

— 2Timóteo 1.2

"Que nos salvou e nos chamou com uma santa vocação, não em virtude das nossas obras, mas por causa da sua própria determinação e graça. Essa graça nos foi dada em Cristo Jesus desde os tempos eternos, sendo agora revelada pela manifestação de nosso Salvador, Cristo Jesus. Ele tornou inoperante a morte e trouxe à luz a vida e a imortalidade por meio do evangelho."

— 2Timóteo 1.9,10

"Portanto, você, meu filho, fortifique-se na graça que há em Cristo Jesus."

— 2Timóteo 2.1

"O Senhor seja com o seu espírito. A graça seja com vocês."

— 2Timóteo 4.22

"Porque a graça de Deus se manifestou salvadora a todos os homens."

— Tito 2.11

"Mas, quando, da parte de Deus, nosso Salvador, se manifestaram a bondade e o amor pelos homens, não por causa de atos de justiça por nós praticados, mas devido à sua misericórdia, ele nos salvou pelo lavar regenerador e renovador do Espírito Santo, que ele derramou sobre nós generosamente, por meio de Jesus Cristo, nosso Salvador. Ele o fez a fim de que, justificados por sua graça, nos tornemos seus herdeiros, tendo a esperança da vida eterna."

— Tito 3.4-7

"Vemos, todavia, aquele que por um pouco foi feito menor do que os anjos, Jesus, coroado de honra e de glória por ter sofrido a morte, para que, pela graça de Deus, em favor de todos, experimentasse a morte."

— Hebreus 2.9

"Assim, aproximemo-nos do trono da graça com toda a confiança, a fim de recebermos misericórdia e encontrarmos graça que nos ajude no momento da necessidade."

— Hebreus 4.16

"Quão mais severo castigo, julgam vocês, merece aquele que pisou aos pés o Filho de Deus, profanou o sangue da aliança pelo qual ele foi santificado e insultou o Espírito da graça?"

— Hebreus 10.29

"Cuidem que ninguém se exclua da graça de Deus; que nenhuma raiz de amargura brote e cause perturbação, contaminando muitos."

— Hebreus 12.15

"Não se deixem levar pelos diversos ensinos estranhos. É bom que o nosso coração seja fortalecido pela graça, e não por alimentos cerimoniais, os quais não têm valor para aqueles que os comem."

— Hebreus 13.9

"Mas ele nos concede graça maior. Por isso diz a Escritura: 'Deus se opõe aos orgulhosos, mas concede graça aos humildes'."

— Tiago 4.6

"Foi a respeito dessa salvação que os profetas que falaram da graça destinada a vocês investigaram e examinaram, procurando saber o tempo e as circunstâncias para os quais apontava o Espírito de Cristo que neles estava, quando predisse a vocês os sofrimentos de Cristo e as glórias que se seguiriam àqueles sofrimentos."

— 1Pedro 1.10,11

"Portanto, estejam com a mente preparada, prontos para agir; estejam alertas e ponham toda a esperança na graça que será dada a vocês quando Jesus Cristo for revelado."

— 1Pedro 1.13

"Cada um exerça o dom que recebeu para servir os outros, administrando fielmente a graça de Deus em suas múltiplas formas."

— 1Pedro 4.10

"O Deus de toda a graça, que os chamou para a sua glória eterna em Cristo Jesus, depois de terem sofrido por pouco tempo, os restaurará, os confirmará, os fortalecerá e os porá sobre firmes alicerces."

— 1Pedro 5.10

"Com a ajuda de Silvano, a quem considero irmão fiel, eu escrevi resumidamente, encorajando-os e testemunhando que esta é a verdadeira graça de Deus. Mantenham-se firmes na graça de Deus."

— 1Pedro 5.12

"Cresçam, porém, na graça e no conhecimento de nosso Senhor e Salvador Jesus Cristo. A ele seja a glória, agora e para sempre! Amém."

— 2Pedro 3.18

Livros úteis sobre a graça

All Is Grace, Brennan Manning (David C. Cook, 2011)

The Gospel Uncensored, Ken Blue e Alden Swan (Westbow Press, 2010)

The Discipline of Grace, Jerry Bridges (NavPress, 1994)

Grace, Max Lucado (Thomas Nelson, 2012) [**Graça**. São Paulo: Thomas Nelson Brasil, 2014]

The Grace Awakening, Charles Swindoll (Thomas Nelson, 1990)

The Grace Effect, Larry Alex Taunton (Thomas Nelson, 2011)

The Grace of God, Andy Stanley (Thomas Nelson, 2010)

In the Grip of Grace, Max Lucado (Thomas Nelson, 1996)

Knowing Grace, Joanne J. Jung (Biblica, 1996)

One Way Love, Tullian Tchividjian (David C. Cook, 2013)

The Ragamuffin Gospel, Brennan Manning (Multnomah, 1990) [**O evangelho maltrapilho**. São Paulo: Mundo Cristão, 2005]

The Secret Life of a Fool, Andrew Palau (Worthy, 2012)

Shame and Grace, Lewis B. Smedes (HarperOne), 1993)

Sin Boldly: A Field Guide for Grace, Cathleen Falsani (Zondervan, 2008)

Uncensored Grace, Jud Wilhite com Bill Taaffe (Multnomah, 2009)

Transforming Grace, Jerry Bridges (NavPress, 2008)

The Transforming Power of Grace, Thomas C. Oden (Abingdon Press, 1993)

Unveiling Grace, Lynn K. Wilder (Zondervan, 2013)

What's So Amazing About Grace, Philip Yancey (Zondervan, 1997) [**Maravilhosa graça**. 2. ed. São Paulo: Vida, 2011)

Conheça Lee Strobel

Lee Strobel foi ateu no passado, mas se tornou um cristão extremamente ativo. Já foi editor de assuntos jurídicos do *The Chicago Tribune*, tendo ganhado prêmios nessa função. Saiu na lista dos autores mais vendidos do *The New York Times*, tendo escrito mais de 20 livros, e leciona pensamento cristão na Houston Baptist University.

Descrito no *Washington Post* como "um dos apologistas mais populares da comunidade evangélica", Lee compartilhou o prêmio do Livro Cristão do Ano em 2005 pelo guia que escreveu em parceria com Garry Poole sobre o filme *A Paixão de Cristo*. Ganhou também a Medalha de Ouro por *Em defesa de Cristo*, *Em defesa da Fé* e *Em defesa do Criador*, todos transformados em documentários e distribuídos pela Lionsgate.

Entre suas últimas produções, incluem-se *Em defesa do cristianismo — livro de respostas*; seu primeiro romance, *Ambição;* e o *Guia de estudo para Em defesa de Cristo*, com centenas de notas e artigos. Seu informativo eletrônico gratuito *Investigating Faith* está disponível em <www.LeeStrobel.com>.

Lee é formado em jornalismo pela Universidade de Missouri e tem mestrado em estudos jurídicos pela Escola de Direito de Yale. Trabalhou como jornalista no *The Chicago Tribune* e em outros jornais por catorze anos, ganhando a mais alta honraria de Illinois para o serviço público de jornalismo concedida pela United Press International. Também liderou a equipe que ganhou o prêmio máximo da UPI por reportagem investigativa em Illinois.

Lee se tornou cristão em 1981, após investigar evidências sobre Jesus. Uniu-se à equipe pastoral da Igreja da Comunidade Willow Creek em 1987 e mais tarde se tornou pastor da área de ensino. Em

2000 tornou-se pastor na Igreja da Comunidade Saddleback. Deixou Saddleback para escrever livros e apresentar o *Faith Under Fire* [Fé sobre ataque], um programa televisivo exibido em rede nacional nos Estados Unidos.

Além disso, Lee ensinou a lei da primeira emenda na Universidade Roosevelt. Em reconhecimento pela extensa pesquisa em seus livros, o Southern Evangelical Seminary concedeu-lhe um doutorado honorário em teologia em 2007.

Entre outros livros de Lee, podem ser citados *The Case for the Real Jesus*, *Finding the Real Jesus*, *God's Outrageous Claims*, *The Case for Christmas*, *The Case for Easter*, *The Unexpected Adventure* (em parceria com Mark Mittelberg) e *Surviving a Spiritual Mismatch in Marriage*, escrito em conjunto com sua esposa Leslie.

Lee é ainda coautor do curso *Becoming a Contagious Christian* [Tornando-se um cristão contagiante], que já preparou 1 milhão e meio de cristãos sobre como falar natural e efetivamente aos outros sobre Jesus.

Lee já foi entrevistado por redes de televisão como ABC, Fox, PBS e CNN, e seus artigos são publicados em uma variedade de periódicos, incluindo *The Christian Research Journal*, *Marriage Partnership*, *Discipleship Journal*, *Decision* e as edições *on-line* do *Wall Street Journal* e da *Newsweek*. Tem sido um convidado frequente dos programas radiofônicos *The Bible Answer Man* e *Focus on the Family*. É membro da Sociedade Filosófica Evangélica.

Lee e Leslie são casados há quarenta e um anos e vivem no Colorado. Sua filha Alison é autora de seis romances e coautora (junto com o marido Daniel) de dois livros para crianças. Seu filho Kyle é autor de vários livros a respeito de Jonathan Edwards e sobre formação espiritual. É ph.D. em teologia pela Universidade de Aberdeen e tem dois mestrados, sendo professor na Grand Canyon University em Phoenix, Arizona.

Agradecimentos

Este livro é uma obra de amor, mas de um amor muito delicado. De longe, foi o livro mais difícil que escrevi, talvez porque tenha envolvido a revelação de questões particulares da minha vida, da minha família e da minha saúde que eu nunca tinha compartilhado.

A minha esposa Leslie, os meus filhos Alison e Kyle e seus cônjuges Dan e Kelli merecem a minha profunda gratidão por terem me aguentado enquanto eu lutava neste projeto. Eles constantemente me encorajaram, e sei que isso nem sempre foi tão simples.

Sou grato a Mark Mittelberg, o meu companheiro de ministério nos últimos vinte e cinco anos e um amigo fiel em todos os momentos. Ele é uma fonte sem fim de ideias, encorajamento e estímulo. Como sempre, ele leu os primeiros esboços, muitos dos quais constrangedoramente toscos, e me deu sugestões construtivas e perceptivas.

A equipe da Zondervan Publishing House se superou em paciência neste projeto, mesmo com os prazos estourando um depois do outro. Eles me deram aquilo de que eu mais precisava — graça. Valorizo muito um grupo que tem tal integridade e visão.

Sou especialmente grato a meu editor, John Sloan. Como em todos os meus livros *Em defesa de*, ele me orientou com sua sabedoria e seu gênio criativo. A trajetória que ele me ajudou a estabelecer no início deste projeto foi inestimável para me manter no caminho. Sua paciência, bondade e profissionalismo a toda prova tornam uma alegria trabalhar com ele.

Mais que tudo, quero expressar o meu profundo respeito e apreço pelas pessoas que me permitiram entrevistá-las para este livro. Sou extremamente grato pela honestidade e vulnerabilidade de todos eles em me ensinar mais e mais a respeito da graça de Deus.

Esta obra foi composta em *Times New Roman*
e impressa por Imprensa da Fé sobre papel
Offset 63 g/m² para Editora Vida.